[illegible] ARLOTTE [illegible]

À [illegible]

LA MAISON DE LA RUE DE [illegible]
À ARGENTAN

DOCUMENTS INÉDITS

AVEC DEUX GRAVURES ET DEUX PLANS

PUBLIÉS PAR

C. VATEL

AVOCAT À LA COUR D'APPEL DE PARIS

PARIS

CHEZ ROUQUETTE, PASSAGE CHOISEUL, 85

ET CHEZ AUBRY, RUE SÉGUIER-SAINT-ANDRÉ-DES-ARTS

1872

DOSSIER HISTORIQUE

DE

CHARLOTTE DE CORDAY

DOSSIER HISTORIQUE

DE

CHARLOTTE DE CORDAY

LA MAISON DE LA RUE DU BÈGLE
A ARGENTAN

DOCUMENTS INÉDITS

AVEC DEUX GRAVURES ET DEUX PLANS

PUBLIÉS PAR

C. VATEL

AVOCAT A LA COUR D'APPEL DE PARIS

PARIS

CHEZ ROUQUETTE, PASSAGE CHOISEUL, 85

ET CHEZ AUBRY, RUE SÉGUIER-SAINT-ANDRÉ-DES-ARTS, 4

1872

AUER

Gravé par TASSAERT

MARIE ANNE

CHARLOTTE DE CORDAY.

[illegible] sc.

Imp. [illegible] & Chardon à Paris

En publiant, en 1861, le dossier judiciaire de Charlotte de Corday, nous annoncions l'intention de faire paraître un recueil de toutes les pièces concernant cet épisode de la Révolution; entre autres desiderata, nous signalions à l'attention des amateurs de recherches historiques l'interrogatoire subi à Argentan par M. de Corday d'Armont, père de Charlotte, comme un document qui avait disparu depuis 1824 et qu'il serait utile de retrouver et de connaître dans son texte original *(Dossiers du procès de Charlotte de Corday devant le Tribunal Révolutionnaire*, p. XVII).

Peu de temps après, M. Lot, des Archives, nous communiqua cet interrogatoire qu'il avait découvert dans la section législative et judiciaire, parmi les pièces provenant du Ministère de la Justice. — 1er versement. Correspondance classée par départements, cotée B. B. 52. — 3e carton de la Seine, année 1793.

Plus tard nous en avons retrouvé une seconde expédition qui avait suivi une autre route. Elle se trouvait dans les papiers du Comité de Salut Public, et avait été transmise par l'intermédiaire du Ministère de la Guerre, avec une mention indiquant qu'elle provenait de l'Armée des côtes de Cherbourg. L'interrogatoire de M. de Corday avait été classé parmi les pièces relatives au 31 mai, et à l'affaire du Calvados qui en avait été la suite. C'est encore là qu'elle est actuellement *(Archives Nationales,* carton A F, II, 45).

Cette pièce a, pour nous, une importance capitale, aussi c'est par elle que nous continuons la publication que nous avons commencée ; fidèle à notre plan, nous y joignons tous les renseignements qui peuvent servir à l'éclairer, notamment une procédure criminelle à laquelle il est fait allusion dans le cours de l'interrogatoire. Ce sont les procès-verbaux d'information sur une tentative de meurtre dont M. de Corday d'Armont avait été l'objet. On y lira avec quelque intérêt, nous l'espérons, des détails qui retracent au naturel une scène des mœurs révolutionnaires. C'est une peinture de 1792, non d'après des récits plus ou moins passionnés et, par conséquent, toujours suspects, mais d'après des dépositions de témoins authentiquement constatées. Nous avons été assez heureux pour retrouver cette procédure dans les combles du Tribunal de Lisieux (l'ancien Évêché). La minute a été transportée depuis lors dans les archives du Calvados où elle se trouve aujourd'hui.

L'existence de l'interrogatoire subi par le père de Charlotte de Corday était connue, ainsi que nous l'avons déjà dit ; elle était attestée par l'auteur de la *Guerre des Vendéens et des Chouans*, Savary, qui en donnait un extrait dans le premier volume de son ouvrage, publié en 1824 (t. I, p. 415 et 416[1]).

1. ..... Le père de Charlotte subit le 20, un interrogatoire dont voici la substance :

« Marie, Anne, Charlotte Corday, fille aînée de Jacques François Corday d'Armans (sic) âgée d'environ vingt-cinq ans, née en la paroisse des Ligneries, canton d'Argentan, diocèse de

Louis Dubois, dans sa biographie de Charlotte de Corday (p. 126) et, après lui, Mme Louis Colet, dans les notes qui suivent ses Tableaux dramatiques sur Charlotte Corday et Mme Roland (1842, p. 180), avaient reproduit cet extrait. Mais, comme nous l'avons dit, le texte même de l'interrogatoire avait échappé à toutes nos recherches. Nous nous étions assuré que la minute du procès-verbal n'était pas à Argentan. Nous avions seulement trouvé, sur le registre des Délibérations de la Municipalité, la décision qui avait prescrit la visite domiciliaire chez M. d'Armont.

Nous reproduisons d'abord cette décision qui sert de préambule à l'interrogatoire.

Aujourdhui 20 Juillet 1793, l'An deuxième de la République Francaise ;

Le Conseil permanent de la Commune d'Argentan, instruit par les bulletins de la Convention Nationale des séances de lundj et mardj derniers que le citoyen Marat membre de la Convention avoit été assassiné par la nommée Marie Anne Charlotte Corday ci-devant d'Armont et que le père de cette fille demeuroit en cette Commune ;

Considérant qu'il étoit possible que dans les papiers du citoyen Corday père, il se trouvât quelques correspondances criminelles

Séez, n'a demeuré avec son père qu'environ un an, depuis douze ans qu'il était veuf : elle demeurait depuis deux ans à Caen chez une de ses parentes, nommée Lecoutellier de Bréterville (sic); elle avait été élevée à la ci-devant Abbaye aux Dames à Caen.

Dès les Assemblées provinciales, le père, à la tête de l'administration de sa paroisse, avait adressé un mémoire pour demander la suppression d'un droit onéreux. Depuis ce temps il avait écrit son opinion sur l'égalité des partages et l'avait fait imprimer; il avait commencé un travail sur les Principes du Gouvernement. »

« Il a reçu de sa fille une lettre datée de Caen, du mardi matin..... annonçant qu'à son départ de Caen elle met cette lettre à la poste; que lorsqu'il la recevrait, elle ne serait plus en France; qu'elle ne croyait pas qu'on pût y vivre tranquille de longtemps et qu'elle le priait de ne faire aucune recherche, parce que personne ne savait encore où elle allait.

Le père de Charlotte avait deux garçons et deux filles. On n'a rien trouvé dans les papiers qui pût le faire suspecter. »

indicatives des complices de ce crime a nommé le citoyen Feval, Commissaire pour se transporter avec le citoyen Raux, membre du Conseil général, chez le citoyen Corday père, luj faire prêter interrogatoire sur les faits relatifs au dit assassinat et qui pourraient être à sa connoissance, verifſier exactement ses papiers et y apposer des scellés s'il le juge convenable.

Signé : Maheut — Féval — Dubois — Monnier — Dubois — Captain — Belzais — Fourment — Prodhomme — Corbin (Luc) — Lecointe — Maury.

(Registre du Conseil général permanent de la Commune d'Argentan, du 18 décembre 1792 au 3 nivôse An II).

INTERROGATOIRE DU CITOYEN CORDAY

DONT LA FILLE A POIGNARDÉ MARAT.

Cherbourg. — Ministre de la Guerre.

Comité de Salut Public.

Police. — Surveillance.

31 MAI 1793. — AFFAIRE DU CALVADOS

2.

(Archives Nationales. A. F. II, 45).

Aujourd'hui vingt juillet mil sept cent quatre vingt treize l'An IIe de la République Françoise, sur les virons [1] deux heures et demies après midi.

Nous *Jean François* Feval Notaire Officier Municipal, nommé Commissaire aux effets ci après par le Conseil Général permanant de cette Ville, ce jourd'hui, assisté du citoyen Michel François Chapsal secrétaire greffier de la Municipalité de la ditte Ville, informé par le bulletin de la Convention Nationale aux séances des lundy et mardy quinze et seize de ce mois, que le citoyen Marat, Membres de la ditte Convention, avoit été assassiné par la

1. Pour *environ;* cette locution, qui se représentera souvent, était employée dans les actes, et elle est encore usitée dans le pays par les gens de la campagne.

nommée Marie Anne Charlotte Corday ci devant d'Armont et que le père de cette fille étoit demeurant en cette Ville; présumant que dans les papiers de ce père, il pouroit se trouver quelques corréspondances criminelles indicatives des complices et auteurs de ce crime; nous nous sommes transportés avec le citoyen Raux père, membre du Conseil général au domicille du citoyen Corday d'Armont démeurant en cette Ville, rüe du Beigle, cour Beignier [1] section de St-Martin, aux fins de recevoir les déclarations de ce particulier même l'interroger si le cas y echet, et aussy aux fins d'examiner ses papiers, ou d'apposer nos scellés sur iceux dans le cas où nous ne pourrions pas vû leur qualité en faire sur le champ l'examen.

Et parvénus au domicille du dit citoyen Corday trouvé dans une chambre ayant vüe sur le jardin, nous lavons interogé ainssi qu'il suit.

Interrogé de ses noms, surnoms, âge, profession, demeure, s'il est marié et a des enfants.

A Répondu qu'il se nomme *Jaques François* CORDAY d'ARMONT âgé de viron cinquante six ans [2] vivant de son bien demeurant dans cette Ville, vœuf et aïant des enfants.

Interrogé depuis quel temps il demeure en cette Ville et quelle a été sa précédante demeure.

A Répondu qu'il demeürt en cette Ville depuis le dernier jour de janvier de la présente année, et qu'avant ce temps il demeuroit dans la paroisse du Mesnil Imbert, canton de Vymoutier, district d'Argentan, ou il a résidé jusqu'au douze may de l'année mil sept cent quatre vingt douze et qu'ayant manqué d'y être assassiné, il

1. Voyez ci-dessous pièces justificatives, n° 1.

2. M. de Corday est né le 2 septembre 1737. Il avait donc en effet 56 ans, moins un mois et quelques jours.

s'était retiré à Caën pour poursuivre l'assassin au district de Lisieux et qu'il a résidé hotel de la Couppe d'or [1], rue *Venelle aux chevaux* aparténant au citoyen Levallois jusqu'au moment qu'il est venu habiter en cette Ville.

Interrogé des causes pour lesquelles on a voulu tanter à sa vie, et si il s'étoit attiré quelques ennemis soit par sa façon de penser sur les affaires politiques (aliàs publiques) ou autrement.

A Répondu qu'il n'avoit jamais eu de conversation avec celui qui l'avoit attaqué, qui étoit un maréchal qui se jetta tout d'un coup sur lui et voulut lui enlever son sabre sans qu'il en sut la raison, ce qui est plus amplement expliqué au proces fait dévant le Juge de Paix du Canton de Freney District de Lizieux Départément du Calvados [2].

Interrogé quelles ont été les suittes de cette affaire et si le procès a été jugé.

A Répondu que le criminel convaincu par douze témoins, sommé de se rendre devant le Juge de paix lui avoit répondu que ce n'étoit pas ainssy qu'on paroissoit devant un juge parce qu'il avoit parû armé d'un fusil et de pistolets, pourquoy le Juge de paix le terma à un autre jour ; mais il ne parut pas ; que le Juge de paix envoya la procédure au répondant qui étoit alors à Caen pour la déposer au district de Lizieux, ce qu'il fit ; que le district de Lizieux prononça que le Juge de paix n'avoit pas fait son devoir puisqu'il n'avoit donné

1. Voyez les Plans de Caen : notamment celui de Buache, publié en 1747. — La *Venelle aux Chevaux* allait de la *rue Saint-Pierre* à la *Place Royale*, elle a été remplacée par la rue de l'Impératrice, aujourd'hui rue de *Strasbourg*. Mais l'inscription ancienne se voit encore gravée en lettres maigres du temps, sur la maison qui fait angle avec la place. L'hôtel de la Couppe-d'Or était situé au coin de la Venelle aux Chevaux et de la rue Saint-Pierre. Il a disparu vers 1852.

2. Voyez plus bas la procédure criminelle suivie sur la plainte de M. de Corday d'Armont contre un sieur Bellaunay, pièces justificatives, n° VI.

n'y mandat d'arret ni mandat d'amener ; que la sentence fut renvoyée au Juge de paix qui lança un mandat d'amener qui ne fut point exécuté.

A lui Remontré qu'il ne peut ignorer des causes pour lesquelles on a voulu l'assassiner et lui interpellé de nous déclarer s'il n'a pas donné lieu à un dessein aussyi (*sic*) violent.

A Répondu qu'il n'en sait rien, qu'il a voulu seulement empêcher le dit Maréchale de chasser dans une petite garranne appartenante à lui répondant et qui étoit devant sa porte.

Interrogé des causes pour lesquelles il est vénu demeurer en cette Ville, et ce qui a déterminé le choix de cette demeure.

A Répondu qu'il est venu demeurer en cette ville comme étant plus proche de son bien qui est situé dans ce district.

Interrogé du nombre de ses enfants et s'il a plusieurs filles.

A Répondu qu'il a deux garçons et deux filles.

Interrogé de l'âge des dittes filles et si elles sont demeurantes avec lui.

A Répondu que l'ainnée nommée Marie Anne Charlotte âgée de viron vingt cinq ans, n'a jamais demeurée avec lui depuis son veuvage, que pendant une seule année ; que depuis deux ans elle demeure chez une de ses parentes à Caen nommée Lecouteillier de Bretewille, que la jeune nommée Jacqueline Eléonore âgée de viron vingt deux ans demeure avec lui en cette Ville [1].

Interrogé combien il y a de tems qu'il est vœuf, et quelle est

1. Il est à remarquer qu'elle ne fut pas interrogée, ce qu'on ne manquerait pas de faire aujourd'hui dans une information de ce genre.

l'éducation qu'il a donné à ses deux filles et particulièrement à son ainnée.

A Répondu qu'il est vœuf depuis viron onze à douze ans; qu'à cette époque ses filles sont entrées à la ci devant Abbaye aux Dames à Caën où elles ont reçu leur Education [1].

Interrogé si il n'est pas vray que lui répondant et ses deux filles ont toujours manifesté des opinions contraires aux principes qui ont été généralement adoptés et indiqués par nos Législateurs.

A Répondu que le citoyen Belzais-Courménil et le citoyen Lefessier-Dufaï, le premier Maire et l'autre Notable de cette Ville étoient plus en état d'en rendre compte que lui; que dès les Assemblées provinciales et longtemps avant que personne demanda l'abolition des droits, étant lui répondant à la tête de l'administration de sa paroisse il avoit adressé un mémoire pour en demander la suppression à l'Assemblée intermédiaire d'Argentan, dont le citoyen Belzais-Courménil étoit alors Procureur Syndic [2]; que depuis ce tems il avoit écrit sur l'*Egalité des partages* et fait imprimer son sentiment dont il va nous remettre un exemplaire et nous a en effet remis deux exemplaires dont un est intitulé l'*Egalité des partages* et l'autre intitulé *Suplement au sistème de l'égalité*, et qu'actuellement il écrivoit encore son sentiment sur les lois lors de notre entrée; il nous a fait apparoir un manuscrit

1. Comme *pensionnaires exceptionnelles*, l'Abbaye de Sainte-Trinité de Caen n'élevait pas de jeunes filles. Mais le roi avait le droit d'y placer cinq demoiselles appartenant à la noblesse pauvre de la province. C'est ainsi que Charlotte de Corday, pour laquelle M. d'Armont avait postulé une place à l'Abbaye de Saint-Cyr, fut admise avec sa sœur à l'Abbaye aux Dames, très-probablement par l'influence de madame de Pontecoulant, qui était alors coadjutrice de madame de Belsume, Abbesse de Caen. — Nous publierons ultérieurement les pièces officielles à l'appui de tout ce que nous disons, et que nous n'avançons qu'avec les preuves.

2. M. de Corday d'Armont a été Syndic, puis Maire de la paroisse et plus tard de la commune du Mesnil-Imbert.

sur trois feuilles de papier commun dont les sept premières pages sont remplies et sur la huitième page son sept lignes et demies d'écriture, lequel manuscrit est intitulé ainsi : *Les Principes du Gouvernement* [1].

Le dit Répondant interpellé de cotter et parapher dévant nous les deux exemplaires qu'il vient de nous remettre et le manuscrit que nous lui déclarons déposer aux mains de notre Greffier pour être le tout examiné par le Conseil générale permanent de cette Ville et être statué ce qu'il appartiendra ; ce à quoy le dit répondant a satisfait en signant les dits trois papiers qui ont été paraphés présentement de nous et de notre Greffier.

A lui Remontré que la réponse qu'il vient de nous faire sur la demande que nous venions de lui adresser sur ses opinions et celles de ses filles rélatives aux objets politiques n'est point satisfaisante pour ce qui concerne ses dittes filles ; lui interpellé de nouveau de nous dire s'il n'est pas vrai que ses dittes filles ont conçu des sentiments tout à fait opposés aux lois qui émanent de la Convention.

A Répondu qu'il les avait toujours vües soumises à la loi et persuadées ainsi que lui, qu'avant qu'elles soient faites chacun peut dire et écrire son opinion pour s'éclairer mutuellement ; mais qu'une fois faite et acceptée tout citoyen est coupable de les enfreindre.

Interrogé si lui Répondant et ses filles ont bien examiné les discutions qui se son faites à la Convention et s'ils n'y ont pas pris quelque part active, enfin quelle était leur opinion sur ces discussions et quel étoit le parti que lui et ses filles adoptoient.

1. A défaut de cette pièce, nous publions une autre note de la même origine qui était dans les papiers de Louis Dubois et a passé de là dans la collection de M. de la Sicotière (V. aux pièces justificatives, n° II). Elle nous fait connaître quelles étaient les idées de M. d'Armont. Il appartenait à l'école des Economistes et professait des opinions très-hardies et très-avancées.

A Répondu qu'il ne croit pas que ses filles se soient jamais mellées de discussions politiques [1], que quand à lui persuadé que les bonnes loix doivent être adoptées de quélques mains qu'elles nous viennent, il n'a jamais reconnu d'autre parti que celui de la Raison.

Interrogé s'il est en correspondance avec sa fille ainée.

A Répondu qu'il lui écrivoit quellequefois et qu'il en recevoit des Réponses ; mais que leur commerce. littéraire, tout épistolaire, n'avoit pour but que de se donner réciproquement des marques d'amitié et des nouvelles de leurs santés.

Interrogé du lieu où sa fille aisnée est actuellement, si elle est encore demeurante à Caen.

A Répondu qu'il avoit réçu une lettre d'elle il y a eu jeudi dernier huit jours [2] dattée du mardi matin d'avant, où elle lui Mande qu'à son départ de Caën, elle met cette lettre à la Poste ; que quand, lui Répondant, la recevroit, elle ne seroit plus en France ; qu'elle ne croyoit pas que l'on pût y vivre tranquille d'ici à longtemps ; qu'elle le prioit de ne faire aucunes Demarches (on avait d'abord écrit

1. M. de Corday d'Armont déclare que ses filles ne se sont jamais mêlées de politique, et que leur correspondance était purement littéraire. Cependant on voit par les interrogatoires de Charlotte qu'elle était abonnée au Journal de Perlet, mais qu'elle a lu quelquefois *Gorsas*, *le Courrier français*, *le Courrier universel*, et plus de cinq cents brochures pour et contre la révolution dans tous les genres (V. Dossiers de C. de Corday, p. 48), et dans sa lettre à Barbaroux elle dit, en parlant des Girondins : « Si l'on trouve mes lettres chez mon père, la plupart sont vos portraits. » Il est probable que M. de Corday d'Armont avait caché cette correspondance avant la perquisition qu'il avait pressentie. D'un autre côté, la lettre de Charlotte Corday à Barbaroux ne fut connue qu'après le procès (17 juillet); elle ne pouvait donc être entre les mains des municipaux d'Argentan, qui n'avaient encore que des nouvelles du 16.

2. L'interrogatoire de M. d'Armont est du samedi 20 juillet. Le jeudi précédent est le 18; le jeudi antérieur est le 11 juillet. La lettre mise à la poste le 9 à Caen parvint donc à Argentan le 11. — Vérification faite du calendrier de l'année 1793, le 9 juillet tombe bien effectivement un mardi.

recherches, on a écrit par surcharge *démarches*) parce que personne ne savoit encore où elle alloit.

Le dit Répondant par nous interpellé de nous réprésenter à l'instant cette lettre dans le cas où il l'auroit sur lui, ou de nous déclarer dans quel endroit de son domicille on pourroit la trouver;

A Répondu qu'il l'avoit jetté aussytôt de collère dans le feu [1].

A lui Remontré qu'il ne nous est guère possible de croire qu'il ait supprimé cette lettre et qu'il n'ait pas cherché les causes pour lesquelles sa ditte fille se déterminoit ainsy de quitter la France ; qu'au Moins lui Répondant n'a pu ignorer les sentiments que sa ditte fille avoit conçus avant de quitter sa patrie, que certainement elle lui en avoit fait part par quelques lettres précédentes [2], lui interpellé de nous déclarer la vérité ;

A Répondu qu'il n'en avoit aucune connaissance et qu'elle le connaissoit trop bien pour lui communiquer un projet qu'il n'auroit pu aprouvrer et dont il auroit empêché l'effet, et que quand à la lettre il persiste à sa Réponse ci-dessus.

Interrogé si il n'a pas connoissance de la Mort du citoyen Marat l'un des Représentants du peuple à la Convention et s'il ne sait pas quel est l'individu qui a avencé ses jours.

A Répondu qu'il avoit vû dans Perlet que Marat avoit été assassiné par une femme de Caën nommée Charlotte Cordai, fille de M. Corday d'Armont. Quoy que les noms fûssent mal rendus (Voyez

1. Cependant M. Chéron de Villiers a publié cette lettre. Ou la déclaration de M. de Corday était une fraude pieuse dictée par le besoin de la légitime défense, ou la lettre de M. Chéron de Villiers n'est pas vraie. V. infra aux pièces justificatives n° V.

2. *Quelques lettres précédentes*. Il résulte de la lettre de Charlotte à Barbaroux, qu'elle écrivait souvent à son père ; — on le savait probablement à Argentan.

Pièces justificatives, n° III) la singularité du départ que sa fille lui avoit annoncé et les noms quoique mal mis lui firent appréhender quelle ne fut l'auteur de ce crime; quoique ne concévant pas qu'une fille de cet âge pût se porter d'elle-mêmes à des choses si Extraordinaires ni qu'elle eût pu trouver un homme assez lâche pour en partager le projet et lui en laisser l'exécution.

Interrogé du lieu de la noissance de sa ditte fille ainée et s'il lui Répondant connoissoit en elle un esprit entréprénant et des connoissances sufisantes pour entréprendre de grands projets et si enfin elle se mesloit des affaires politiques et en manifestoit ses sentiments.

A Répondu qu'elle étoit née en la paroisse des Ligneries canton de Trun, district d'Argentan, qu'il ne lui connaissoit aucuns talens; Mais qu'il ne croioit pas qu'il en fut bésoin pour commettre un Meurtre et qu'il a déjà répondu à la dernière question et qu'il y persiste.

Interrogé du diocèce don relevoit ci devant la paroisse des Ligneries [1].

A Repondu du ci-devant Diocèse de Seez.

Représentation à lui par nous présentement faite d'un exemplaire du Bulletin de la convention Nationale à la séance du Mardy seize de ce mois par suitte de celle de la veille, quinze; lui interpellé de prendre lecture devant nous de la rélation qui y est emploiée, de l'interrogatoire preté sur la Mort du citoyen Marat par une nommée Marie Anne Charlotte Cordai, ci devant d'Armont, native de la paroisse St Saturnin des Ligneries, ci devant diocèse de Seez, âgée de vingt cinq ans moins quinze jours, vivant de ses (revenus),

1. Il y a ici une lacune dans l'exemplaire provenant du Ministère de la Justice. Nous la comblons à l'aide de l'expédition parvenue au Comité de Salut Public par le Ministre de la guerre.

demeurant ordinairement à Caën, lieu de sa résidence et présentement logée à Paris rue des vieux Augustins hôtel de la Providence ;

A Repondu que voulez vous que je vous dise je ne puis répondre que ce que j'ai répondu ci devant ;

Laquelle présente réponse a été faite par le répondant les larmes aux yeux.

Et avons cessé de l'interroger ;

Lecture a lui faitte des interrogats ci dessus et de ses réponses lui interpellé de déclarer si ses dittes réponses sont vrayes, s'il y persiste et s'il veut signer.

A répondu que ses dittes réponses sont vrayes qu'il y persiste et a signé la minutte ; *signé Corday d'Armont.*

Ensuitte de quoi nous avons fait une perquisition la plus exacte dans les papiers du dit Citoyen Cordai d'Armont étant dans différents tirroirs de table, secrétaire, commodes et armoires sur différentes tablettes parmi lesquels papiers nous n'avons rien trouvé de relatif au crime dont il s'agit ni même rien de contraire aux loix de la République, nous n'y avons remarqué que différentes nottes sur l'histoire de France, sur les décrets et autres matières, sans nous être apperçu d'aucune Critique.

De tout ce que dessus, nous avons dressé le présent procès verbal dont lecture a été faitte par notre greffier au dit Citoyen Cordai d'Armont ; lui interpellé de signer avec nous, ce qu'il a fait : la minutte signée Cordai d'Armont, Feval, Raux, et Chapsal secretaire greffier, avec approuve quatre mots rayés nuls.

Sa tâche remplie, le citoyen Fèval, vint en rendre compte au Conseil de la Commune, ainsi qu'on le voit par les Registres municipaux d'où nous extrayons ce qui suit :

« Et le dit jour vingt Juillet au dit An.

Le Conseil général s'étant fait donner lecture du Procès verbal dressé, par le citoyen Fèval, Officier municipal des déclarations passées par le citoyen Corday darmont et de la perquisition par lui faitte dans Les papiers de ce dernier, a arreté :

Qu'Expédition du dit Procès verbal en deux exemplaires et le *manuscrit* qui luy ont été remis seront envoyés par le prochain Courrier à la Convention nationale pour y avoir tel égard que de raison. »

Mêmes signatures que ci-dessus.

(Registre du Conseil général permanent de la Commune d'Argentan, année 1793.)

Le Conseil général ordonnait que le Procès verbal serait envoyé par duplicata et par courrier à la Convention.

Ses ordres furent exécutés.

Une des deux expéditions s'est retrouvée classée parmi les papiers provenant de l'insurrection du Calvados :

Fonds du Comité de Salut public, sous le titre de Police. — Surveillance.

Elle porte cette mention :

« Collationné à L'Original par nous Officier municipal et secrétaire greffier de la Municipalité d'Argentan soussignés, »

« Le 22 juillet 1793, l'an IIème de la R. Foise, »

« Chapsal, Secrétaire greffier. »

« Pour copie collationnée juste et véritable,

» Dufour. — Commissaire National, à Argentan. »

L'autre expédition, parvenue par le Ministre de la Justice, a été versée dans les papiers du Département de la Seine, et fait partie de la Section législative et judiciaire.

La Minute originale paraît perdue.

OBSERVATIONS.

Charlotte de Corday donna la mort à Marat le 13 juillet 1793.

Arrêtée à l'instant même, elle fut interrogée par le Commissaire de Police de la Section, en présence de plusieurs des membres du Comité de Sûreté Générale qui avaient été prévenus en toute hâte.

Le lendemain 14 Juillet, le Comité de Sûreté Générale fit des recherches et entendit des témoins. Il y eut là une première information qui se prolongea jusqu'au moment où le Tribunal Révolutionnaire fut saisi de l'affaire par le Décret de la Convention du 14 Juillet 1793. (Voyez Dossiers du Procès de Charlotte de Corday, page 17.)

Le Tribunal Révolutionnaire ne commença l'Instruction proprement dite que le mardi 16. — Cette Instruction fut courte : dès le 17, au matin, l'Accusée comparaissait devant le Jury ; à une heure, elle était condamnée, et le soir, entre sept et huit heures, Charlotte de Corday avait vécu, suivant sa propre expression, empruntée, dit-elle, *au Langage Romain.*

Il restait cependant encore deux complices : Fauchet et Duperret, traduits par un Décret de la Convention, comme ayant connu le projet de Charlotte Corday, et en ayant facilité l'exécution.

Régulièrement, ils auraient dû être poursuivis et jugés en même temps que l'Accusée principale.

On n'en fit rien : et il semble qu'après l'exécution de Charlotte, on n'ait plus songé à ceux-ci.

Nous n'avons trouvé aucun acte, aucune trace d'une procédure dirigée contre eux. Il y a plus : lors du Procès des Girondins, Chabot, sur l'interpellation de Duperret, reconnut que ce dernier avait été étranger à la mort de Marat [1].

1. *L'accusé Duperret* ..... Je dis à Chabot en signant mon interrogatoire [1]: — Chabot, je vous demande si en votre âme et conscience vous me croyez coupable de l'action noire dont on m'accuse? Chabot répondit : — Je crois que tu

1. Voyez cet interrogatoire aux Pièces justificatives.

Quant à Fauchet, le nom de Charlotte Corday ne fut même pas prononcé à son occasion [1].

Un nommé Ceyrioux fut un instant soupçonné de complicité, et poursuivi. Nous publierons, en temps et lieu, la courte procédure à laquelle on se livra contre cet individu.

Mais il y avait une catégorie de personnes bien autrement désignées aux suspicions ; nous voulons parler des parents de Charlotte de Corday.

Son père et sa sœur, son grand'père et sa grand'mère, ses plus proches parents, en ligne collatérale, étaient réfugiés à Argentan.

Ni le Comité de Sûreté générale ni Fouquier-Tinville n'y songèrent, quoique Charlotte eût écrit une lettre à son père, adressée dans cette ville, rue du Bègle.

Ce furent les Bulletins des séances de la Convention, des Lundi 15, et Mardi 16 Juillet, qui, arrivant à Argentan vers la fin de la semaine, inspirèrent au Conseil de la Commune la pensée de faire une perquisition chez le père de celle qui avait donné la mort à Marat.

Nous avons dit que la famille de Corday tout entière était à Argentan, quoiqu'elle y fût cachée, et pour ainsi dire enfouie dans l'humble demeure dont nous avons reproduit l'image ; elle avait dans la ville une notoriété trop grande, pour que sa présence pût passer inaperçue. Il est facile de comprendre qu'elle dût être l'émotion dans cette petite ville, lorsqu'on apprit que c'était Mlle de Corday qui avait frappé Marat.

Le Conseil de la Commune était en permanence sans doute, en raison des événements du fédéralisme ; aussi, une visite chez M. d'Ar-

as été la dupe de Barbaroux. — Je te prie de déclarer si ce fait n'est pas exact. — *Chabot :* Ce fait est vrai et je crois que Duperret s'est rendu coupable par égarement plutôt que par un caractère naturel de malveillance (procès de Brissot. p. 184. Dans Buchez et Roux. Vol. 30. p. 58).

1. Pendant les débats du procès, car il en est question dans l'interrogatoire de Fauchet devant R. F. Dumas, du 20 vendémiaire an II, mais en quelques mots seulement. — D. S'il a eu connoissance de l'arrivée, du séjour et du crime de Charlotte Corday, s'il a eu des rapports avec elle, si Duperret ne l'en auroit pas informé? — Que non sur le tout. (Arch. nat. W, 292, 204.)

mont, fut immédiatement résolue d'office, sans qu'aucune commission, aucune réquisition, fût venue mettre les autorités municipales en demeure d'agir.

Le cas échéant, deux membres du Conseil général, le citoyen Fèval et le citoyen Raux, furent chargés de se transporter chez Monsieur de Corday, l'interroger, vérifier ses papiers et y apposer les scellés.

Les Commissaires du Conseil de la Commune durent donc se rendre au domicile de M. de Corday d'Armont, rue du Bègle. Cette rue s'étend parallèlement à la rivière de l'Orne; elle en longe les bords à 100 mètres environ de distance, et en est séparée par des jardins qui forment quai sur la rivière. Là était l'ancien rempart, ballium, d'où est venu probablement le nom de *Bègle*, qu'on a écrit à tort *belge* [1].

C'est bien dans cette rue que demeurait M. d'Armont, mais, dans quelle maison? L'interrogatoire ne le dit pas. La tradition locale indiquait une habitation ayant un certain style, et portant le n° 31. C'est bien, en effet, une maison historique : aussi elle trouvera place dans notre récit, lorsque nous retracerons les massacres dont l'image a pu se refléter dans l'esprit de Charlotte, au moment où elle conçut son projet et arrêta sa détermination.

Le seuil de cette demeure a été taché du sang de Barbot-Tierceville, qui fut l'une des victimes de la Révolution à Argentan. Mais là n'habitait pas la famille de Corday. Nous avons longtemps cherché en vain : ce n'est qu'en explorant les archives municipales d'Ar-

1. Cette étymologie, qui nous avait été suggérée par un habitant d'Argentan, n'est pas admise par les hommes compétents, parce qu'elle ne rend pas compte de la présence du *g* dans le mot. — Il existe à 5 kilomètres de Bordeaux un village qui porte ce même nom de *Bègle*. Ce village est situé à l'intersection de la Garonne et d'un petit ruisseau appelé jadis *Estey Najou*. C'est ce qu'en langue celtique on nommait un Bec, Becco, d'où le Bec d'Ambès, le Bec d'Allier, l'Abbaye du Bec, etc. Suivant les archéologues du pays, le mot serait passé dans la basse latinité et devenu *Beccus*, avec le diminutif *Becculus*, de là en français le nom de *Bègle*. Il ne nous appartient pas de nous prononcer sur cette étymologie; mais nous pouvons dire qu'à Argentan la rue du Bègle est située dans la pointe formée entre l'Orne et le Rû Tanaret, qui s'y jette en cet endroit.

gentan, que nous avons pu trouver les indications qui devaient nous conduire à assigner avec certitude le lieu de la rue du *Bègle*, où M. d'Armont devait recevoir la Lettre célèbre, écrite de la Conciergerie.

Dans ces Archives, il existe un Registre des *certifficats* de résidence délivrés par la Municipalité d'Argentan, depuis le 7 Janvier 1793, l'An 2e de la République Française.

Sous la date du 11 *de May*, on trouve la mention suivante :

« Donné un Certifficat de Residence au Citoyen *Jacques François*
» d'Armont, demeurant en cette ville depuis le 1er février 1793,
» jusqu'à ce jour, en la maison des héritiers Jouïs, Rüe du Beigle,
» sur l'attestation des citoyens Vautorte, Jean Aubert, Pierre Aubert,
» Desmarets, Girard, Dollis père, et Dollis fils, tous neuf domiciliés
» en cette ville, soussignés. — Suivent les signatures. »

Il y avait déjà là une désignation très-claire : *Maison des héritiers Jouïs* ; mais elle se précise encore davantage dans les deux certificats de résidence délivrés au père et à la mère de M. de Corday, à la date des 1er et 10 juin 1793.

« Donné un certificat de résidence au citoyen Jacques Adrien Corday, demeurant en la maison du citoyen *Jouïs*, *Cour Besnier*, depuis deux mois. »

Et la même indication se retrouve dans le certificat donné à la citoyenne Marie Belleau de Corday, la femme de Jacques Adrien de Corday.

La Cour Besnier, il y avait là une indication de plus : une troisième se trouvait dans un plan visuel que possèdent les Archives d'Argentan. Nous en donnons un extrait :

Ce plan représente chacune des maisons de la ville, vue à vol d'oiseau, avec un numéro d'ordre, qui renvoie à des tables contenant les noms des propriétaires.

On y trouve sous le n° 232, les maisons et jardin du sr Jouïs, et à côté la *Cour à Besnier*, dès l'année 1755.

Nous avons voulu savoir si cet état de choses subsistait encore en 1793, et nous avons appris par les titres que nous rapportons parmi les pièces justificatives, qu'à cette époque, Jouïs étant mort, sa propriété appartenait indivisément à ses héritiers. (Voyez pièces justificatives, n° I.)

La Cour Besnier subsiste telle qu'elle était en 1793.

Elle porte aujourd'hui le n° 22 de la rue du Bègle [1].

On y accède par un porche cintré, dont l'arcade est en pierre, avec une clef de voûte sculptée : l'entrée reste librement ouverte, et n'est fermée la nuit que par une grille en bois à clairvoyes.

Le fond de la première cour est occupé par un grand manoir avec toit élevé, à girouettes historiées, appartenant alors à Madame de Beauménil (Voy. le n° 234 du plan). C'est à cette vaste construction qu'est adossée l'humble demeure où s'était réfugiée la famille de Corday. Pour y parvenir, il faut traverser la cour commune, suivre un passage étroit qui longe le pignon du manoir de Beauménil, traverser une seconde cour close par un mur élevé, et s'engager dans un long corridor qui débouche dans un petit jardin. C'est dans cette retraite presque inabordable, que les grands parents de Charlotte et son père étaient venus chercher un asyle et abriter leurs têtes menacées. La vue photographique que nous reproduisons par la gravure, représente le passage au fond duquel étaient les habitations Vautorte et Jouïs, habitées par la famille de Corday. La partie supérieure de la maison Jouïs a été détruite par le feu. C'est pour cela qu'au lieu de la maison même, qui a subi de grandes modifications, nous avons reproduit l'aspect de la cour *Besnier*, avec ses sinuosités et ses masures.

C'est là que le *Citoyen Corday est trouvé dans une chambre ayant vue sur le jardin*, écrivant son sentiment sur les Lois, probablement sur la Constitution nouvelle, qui avait été tout récemment discutée et promulguée.

1. Argentan étant une station de la route de Caen au Mans, nous devons tracer l'itinéraire nécessaire pour trouver la rue du Bègle, à l'intention des personnes qui voudraient visiter cette maison historique :

En sortant de l'embarcadère du chemin de fer on prend la rue du Croissant, la rue de l'Orne, la rue de la Chaussée, allant du sud-ouest au nord-est, on passe les deux ponts de l'Orne, et on trouve la rue du Bègle qui va du nord-ouest au sud-est, de la rue de la Chaussée à la rue des Moulins.

PLAN VISUEL

DRESSÉ

DE L'ORDRE DE S. A. SÉRÉNISSIME LE COMTE D'EU,

PAR FRANÇOIS BOUGLIER, SIEUR DES FONTAINES,

BOURGEOIS D'ARGENTAN,

LE 1er SEPTEMBRE 1755.

—

Quatrième planche représentant un canton de la ville d'ARGENTAN, sous la paroisse *Saint-Germain*, la Rue du Bègle.

TABLE DU PLAN.

—

228. Entrée de la cour à Besnier.

232. Maison du sieur Jouïs (celle qui fut habitée plus tard par M. de Corday d'Armont).

232 et 233. Jardin de cette maison.

234. Manoir de Beauménil.

Orne

234

233

231

232

232

233

234

231

232

234

200

234

234

229

la cour Besnier

234

Rù Tanaret

225 226 227 228 234.

Rue du beigle ou begle.

COUR BESNIER

Rue de Beigle (Argentan)

Il donne ses noms, prénoms, âge et qualités.

Il dit qu'il a résidé au Mesnil-Imbert jusqu'au 12 mai 1792. — Qu'il a été forcé de se retirer à Caen à la suite d'une tentative d'assassinat dirigée contre sa personne. — Qu'il a habité Caen jusqu'en janvier 1793 ; et qu'à cette époque, il est venu se fixer à Argentan.

Cette révélation faite par M. d'Armont, d'une tentative d'assassinat dont il aurait été victime, devient l'objet des questions des Interrogateurs, qui semblent oublier le but de leur mission pour suivre une autre piste. L'esprit soupçonneux du temps se révèle dans cet étonnement qu'on puisse avoir quelques ennemis : ne serait-ce pas par sa manière de penser sur les affaires publiques, que le citoyen Corday se serait attiré ces inimitiés ?

La réponse de M. d'Armont est pleine de détails curieux. On entrevoit toute une scène de justice, telle qu'elle se rendait dans les campagnes pendant la Révolution. Le droit de chasse en est l'origine. Au milieu de ce désordre que nous sommes habitués à nous représenter, on est surpris de voir un ci-devant noble, faisant encore la police dans ses garennes, et empêchant d'y chasser, alors que, dès 1789, les domaines du Roi n'étaient plus respectés. La Loi du 28 avril 1790 était donc encore appliquée en 1792 [1]. C'est une note à prendre pour l'histoire et pour la jurisprudence. A côté de la figure de M. d'Armont, ce novateur qui prêche l'égalité dans ses ouvrages, et qui défend le droit jaloux de la propriété dans ses domaines, impassible au milieu du tremblement de terre qui a ébranlé le sol, apparaît un autre profil intéressant : c'est celui du maréchal du Chesne au Loup, un jacobin de village, qui se présente devant le Juge de Paix armé d'un fusil et de pistolets.

Interrogé sur ses opinions, M. d'Armont invoque ses écrits qu'il a

1. V. Lettre de Camille Desmoulins à son père en date du 3 juin 1789.

« Les Bretons exécutent provisoirement quelques-uns des articles de leurs cahiers : ils tuent les pigeons et le gibier. Cinquante jeunes gens viennent de faire de même ici près une déconfiture de lièvres et de lapins dont il n'y a pas d'exemples. On dit qu'ils ont détruit à la vue des gardes, qui n'ont osé les attaquer, quatre à cinq mille pièces, dans la plaine de Saint-Germain (Œuvres de Camille Desmoulins, II, p. 8). »

publiés, tous conçus dans des sentiments patriotiques : La suppression des abus, l'égalité dans les partages, les principes du Gouvernement, ces titres seuls parlent pour lui et le protègent contre le soupçon d'incivisme.

« Je n'ai jamais reconnu, dit-il, d'autre parti que celui de la Raison. »

Voilà sa profession de foi, — et il dit encore, en parlant de ses filles et de lui-même, « qu'ils ont toujours été soumis aux lois, persuadés qu'avant qu'elles soient faites, chacun peut exprimer librement son opinion pour s'éclairer mutuellement ; mais qu'une fois promulguées, tout citoyen est coupable de les enfreindre, » traits caractéristiques qui peignent bien l'homme de libre discussion, et en même temps de discipline volontaire, type de cette forte génération préparée pour les événements de 1789, par les études philosophiques et économiques du 18e siècle.

Cependant l'interrogatoire n'a pas encore touché le point capital, c'est-à-dire le grand acte de Charlotte de Corday et la mort de l'Ami du Peuple.

Fèval, en homme habile, en praticien normand (il était notaire), cherche à provoquer les confidences de M. de Corday. Il veut le voir venir, le faire parler; il n'aborde donc pas la question de front ; il commence par demander s'il n'y aurait point une correspondance entre le père et la fille ; puis, si le père sait où est cette dernière. Mais M. d'Armont reste impénétrable, — il faut qu'il soit mis en demeure par une interpellation directe, pour qu'il se décide à répondre qu'il a appris par son journal la mort du représentant du peuple Marat; que les indications données, quoique inexactes, lui ont fait appréhender que sa fille ne fût l'auteur de cet attentat. Il ne peut comprendre ni qu'elle ait agi seule et conçu un dessein si extraordinaire ; ni si elle a eu un complice, qu'il se soit rencontré un homme assez lâche pour en être l'instigateur, et ne pas en partager la responsabilité.

Puis le malheureux père, pour défendre sa fille, est réduit à l'abaisser. Il nie qu'elle ait aucun talent, aucune supériorité capable d'expliquer une telle action. Peut-être un vague espoir subsiste encore dans son esprit.

C'est alors que Fèval lui représente le Bulletin de la Convention [1].

Il lui fait lire les réponses de Charlotte.

En présence d'une accablante évidence, M. de Corday ne peut plus résister ; les larmes s'échappent de ses yeux, et l'interrogatoire s'arrête.

Nous ne connaissons rien de plus émouvant que cette scène racontée par le plumitif du greffier. Ajoutons qu'il y a une certaine humanité pour ces temps féroces, dans la conduite de Fèval et Raux, qui respectent la douleur du père, et constatent son désespoir. Il n'en fut pas ainsi lors de l'arrestation de Guadet. Vainement, Guadet père voulut-il invoquer les droits de la nature, on lui répondit par l'exemple de Brutus. (Voyez *Charlotte de Corday et la Gironde*, p. 203 et 673.)

Même constatation favorable dans la perquisition qui suit. — Les notes de M. d'Armont, ses papiers les plus intimes sont scrupuleusement visités, et les interrogateurs reconnaissent que parmi les observations sur les nouveaux décrets, ils n'ont remarqué aucune critique du Gouvernement.

Du reste, nulle trace des lettres de Charlotte.

Les Commissaires ne trouvent ni celles qu'elle-même dit avoir écrites sur les Girondins réfugiés à Caen (Dossiers judiciaires, p. 5 du fac-simile), ni celles qu'elle avait adressées à son père les 9 et 16 juillet précédents.

La première fut-elle détruite dans un moment d'indignation,

1. Voici l'intitulé de ce Bulletin :

Égalité, Liberté.

Séance du mardi 16 juillet 1793 l'An IIe de la R. Fr.

Suite de la séance du 15 juillet.

Interrogatoire de la fille Corday, etc...

Lettre à Marat, qu'elle avait dans sa poche. (Bibliothèque nationale, L a, 716 c).

Sur le Bulletin de la Convention, voyez Deschiens. Bibliographie des journaux révolutionnaires, p. 105. C'est, suivant lui, l'un des journaux les plus curieux et les plus utiles pour l'histoire de la Révolution.

comme le porte l'interrogatoire, ou cachée dans une pensée d'affection paternelle, et conservée comme un dernier souvenir ? C'est ce qu'on ne peut savoir avec certitude. (Voyez pièces justificatives, n° V.)

La seconde, datée de la veille du supplice, et confisquée de la main de Fouquier-Tinville, restera comme un monument d'élévation et de grandeur d'âme. C'est elle qui, adressée à Argentan, *Rue du Bègle*, nous a conduit aux recherches dont nous consignons ici le résultat.

PIÈCES JUSTIFICATIVES.

I.

Les titres que l'on va lire servent à constater l'identité de la maison et à en faire connaître la consistance.

31 Juillet 1787.

Fût présent Me Michel Jouis père, huissier au baillage d'Argentan, demeurant en cette ville rue du Beigle.

Lequel pour s'acquitter envers le sr Antoine Jouis son frère, ancien marchand Tapissier, de la somme de 400 livres dont il s'est trouvé redevable envers luy par différents prêts d'argent et pour éviter les poursuites dont il est menacé, lui a vendu,

Une maison, située en cette ville rüe du Beigle, dans la Cour Besnier, composée d'une salle, cabinet à costé, un cellier, un petit caveau sous l'escallier du dit sieur Vendeur, un petit jardin et une tannerie au bout du jardin, avec une allée pour l'accès des dites choses, et une cour devant.

Le tout joignant d'un costé le dit Vendeur, d'autre costé et des deux bouts la Demoiselle Belzais de Beauménil et le fossé Taneret.

Plus la moitié d'une maison indivise entre le sr Vendeur et ses enfans, située aussi en cette ville, sus dite rüe du Beigle, consistante dans son intégrité, en une chambre, cabinet à costé, un grenier, et un cellier, le tout joignant d'un costé la veuve Prévost, d'autre costé le sr Dumesnil et le nommé Pernelle, d'un bout la cour commune, et d'autre bout le nommé Gautier.

Aujourdhui 8 Septembre mil sept cent quatre vingt sept.

Fût présent le s^r *Antoine Jouis*, marchand tapissier, demeurant à Argentan, rüe du Beigle.

Lequel pour satisfaire à la clameur lignagère[1] que ses neveux et nièces lui ont fait signifier par exploit du ministère de Lefebure, huissier, en date du sept de ce mois, contrôlé à Argentan le dix du dit,

A volontairement fait rendüe et remise à MM. Louis, Henri, Michel Jouis, huissier audiencier du bailliage à Argentan, et à Antoine Michel Louis Jouis dit la Couture, à Marie Françoise Charlotte Renée Magdalene et Rosalie Jouis, tous frères et sœurs, demeurant à Argentan, des maison, jardin et dépendances, situés en cette ville, le tout et autant que M. Michel Jouis, leur père, en avait cédé au dit sieur Antoine Jouis, leur oncle, par contrat passé devant les notaires d'Argentan, le 31 juillet dernier, etc.

30 Floréal an XII (18 Avril 1804).

Les dits comparans (héritiers Jouis) ont, par ces présentes, vendu et aliéné à perpétuité, etc., au sieur et dame Aubert, c'est à sçavoir :

« Une maison située en cette ville, dans la Cour Besnier, consistante en — une salle — deux chambres — cinq cabinets — greniers sur le

1. « L'origine des clameurs ... doit être fixée au XIIe siècle : ce fût alors que les Bourgeoisies des Villes s'établirent. Pour accréditer cet établissement si propre à affaiblir l'autorité des Seigneurs, il convenoit que les propriétés fussent dans les villes affranchies du vasselage, et plus stables et plus indépendantes qu'elles ne l'étoient dans les Seigneuries. De là les fonds qu'un père de famille acquéroit dans une ville, devant passer à ses enfants qui ordinairement exerçoient sa même profession, étoient bâtis et distribués selon les besoins de cette profession; et il étoit de l'équité que le bourgeois n'en disposât pas ni de ses principaux outils en faveur d'étrangers [1] sans nécessité et tant que ses enfants ne lui refusoient point les besoins et les commodités de la vie.....

Le propriétaire déclaroit dans trois plaids successifs du bourg ou de la ville, où les fonds étoient assis, plaids qui se tenoient de 15 jours en 15 jours, qu'il étoit déterminé à vendre; il faisoit sommer ses parents de s'y trouver; s'ils ne comparoissoient, la vente s'effectuoit. L'acquéreur entroit en possession en présence de douze échevins et du juge-majeur ou maire, et après l'an et jour expiré, sa propriété étoit à l'abri de toute réclamation. Si postérieurement à ce délai quelque parent troubloit l'acquéreur, il étoit obligé d'établir la fraude : par exemple que l'héritage n'avoit pas été légalement proposé à la famille. »

1. Leg. Burg. C. 11. et 125. Anc. L. p. 256. Tome 1. et Traité anglo-normand. Tom 2. Houard. Dict. de la Cout. Nor. I. p. 243.

tout, caves, cours, sellier, écurie, latrines, jardin, tannerie, fontaine, coudrerie, plaines et greniers, droit au puits situé dans la cour commune, dite Cour Besnier, joûte d'un bout la veuve et héritiers Vautorte, d'autre côté et d'un bout la demoiselle Beaumesnil, et d'autre bout la dite cour Besnier.

La dite vente, faite moyennant la somme de trois mille francs.

Tout et autant qu'il en appartient aux vendeurs par indivis, moitié de la succession de leur mère, et moitié de droit de clameur lignagère.

15 mars 1844, revente par les époux Aubert à la dame Duvent.

13 février 1855, le s[r] Bourdon devient acquéreur.

14 avril 1868, vente par les héritiers Bourdon, aux époux Lautour.

La dernière vente a été faite au profit de M. et Mme Lambert, propriétaires actuels. C'est à leur obligeance que nous devons la connaissance des titres et des biens.

L'accès est difficile, l'extérieur est misérable ; mais lorsqu'on a franchi deux cours et un labyrinthe de corridors, on est étonné de se trouver dans une habitation assez convenable. Sans parler des dépendances accessoires, la salle principale du rez-de-chaussée a environ sept mètres dans tous les sens.

Elle est carrelée. Une solive énorme traverse le plafond et soutient des poutrelles transversales qui sont apparentes ; la boiserie est ancienne. Des armoires sont pratiquées dans les angles. Sur le côté, à droite en entrant, est une vaste cheminée haute et étroite ; en face, une porte vitrée donne entrée dans une petite chambre à alcôve ; la fenêtre qui éclaire cette chambre s'ouvre sur le jardin.

C'est là que M. d'Armont habitait, c'est dans l'une de ces deux chambres que l'acte de vente de 1787 appelle une salle et un cabinet, que les Commissaires de la Municipalité trouvèrent le malheureux père essayant de tromper sa douleur en écrivant.

Nous le répétons, sous une apparence modeste se cachait un refuge très-supportable. Ces deux pièces ornées de leurs tapisseries et meublées à l'antique, pouvaient être habitées comme elles le sont encore bourgeoisement, et servir d'asile momentané à ceux que menaçaient les dangers de la rue ou des campagnes. Le Jardin complétait cet ensemble de précautions en assurant par les derrières une issue dérobée en cas d'alerte.

II.

Cette brochure, d'une feuille ou 14 pages in-8°, a pour titre cette phrase : L'ÉGALITÉ DES PARTAGES, fille de la Justice, *devint mère de la population, en multipliant les denrées par le travail*, par M. de Corday d'Armont, citoyen de la paroisse de Mesnil-Imbert.

La seconde est intitulée : SUPPLÉMENT AU SYSTÈME DE L'ÉGALITÉ DES PARTAGES, ou *développement de mes idées*, en forme de RÉPONSE à M. le Président de FRONDEVILLE.

Cette brochure a 32 pages. Elle est signée DARMONT.

M. de Frondeville, Président au Parlement de Rouen, Député de la noblesse de ce bailliage aux Etats généraux, — était opposé aux idées nouvelles, et l'un des membres les plus ardents du parti royaliste.

Je possède ces deux écrits de M. de Corday : ils se sont trouvés dans les papiers de Leclerc, l'intendant et l'homme de confiance de Madame de Bretheville, et m'ont été donnés par Madame Hamelet, fille de Leclerc. Il n'en est pas de même de l'ouvrage commencé par M. d'Armont et intitulé : *Principes du gouvernement ;* quoiqu'il ait été saisi, ce manuscrit ne s'est pas retrouvé.

MÉMOIRE ADRESSÉ AUX NOTABLES.

23 Novembre 1788. — Au Mesnil-Imbert, par Livarot, en Normandie[1].

Après un préambule rétrospectif de quelques lignes sur l'origine des Etats-Généraux, l'auteur rappelle que dans les premiers temps de la monarchie, les impôts frappaient également sur les trois Ordres ; il montre ensuite que les exemptions qui, suivant lui, ne s'établirent que

1. Ce mémoire paraît avoir été destiné à l'Assemblée des Notables. L'arrêté de convocation est du 5 octobre 1788 ; les deux dates s'enchaînent donc déjà très-bien. Mais on trouve de plus, à la fin du Mémoire, cette phrase qui ne peut s'appliquer qu'aux Notables : « Comme je ne connois pas de qualités qui ne » soient au-dessous d'une pareille Assemblée, *présidée par des* PRINCES DU SANG, » je n'en donnerai aucune et je craindrois de lui manquer de respect si je lui » écrivois pour l'assurer du mien. »

sous Charles VII, étaient : 1° illégales, 2° injustes, 3° contraires au bien public.

Illégales, puisque le Tiers-Ordre, aussi libre que les deux autres, ne pouvait être que de son consentement chargé des contributions de la Noblesse et du Clergé.

Injustes, n'est-il pas inique que la partie la plus pauvre de la population contribue seule à des impôts qui profitent aux plus riches? Peut-on, de sang-froid, voir arracher des mains du journalier une partie du pain qu'on lui accorde, moi[illegible]omme salaire de son travail que pour le mettre en état de le [illegible]inuer ?

Contraires au bien public. Plus une nation paie d'impôts, plus elle est riche, lorsque ces impôts sont bien employés. Ce qu'elle verse d'un côté lui rentre de l'autre, par suite de l'accroissement de la prospérité générale, résultant elle-même de l'amélioration des grandes routes, rivières navigables, ports, manufactures, etc.

Mais pour cela, il faut que les impôts, qui profitent à tous, soient acquittés par tous.

Il faut qu'ils soient proportionnés aux fortunes.

Il faut enfin qu'ils soient établis par des hommes compétens, qui sachent calculer nos intérêts, nos besoins, juger de la nécessité de nos contributions, de leur étendue, des moyens de les faire rentrer et surtout de s'assurer qu'elles ne seront pas détournées de leur destination.

Ce résultat obtenu, peu nous importe que ceux qui nous représentent soient de la Noblesse, du Clergé ou du Tiers : étant tous citoyens de l'Etat, ils ne forment qu'une famille qui n'a qu'un même intérêt. On ne verra plus les grands ouvrages d'utilité publique faits gratuitement par le journalier pour l'avantage du propriétaire sans qu'il reste rien à ce manœuvre qui dépense en travaillant l'argent qu'il gagne, tandis que le propriétaire retire par la vente de ses denrées, l'argent qu'il paie à l'artisan.

Telle est en substance l'idée fondamentale de ce mémoire : l'impôt est un signe et même une source de richesses dans un pays, à la condition d'être créé avec mesure, réparti avec justice et dispensé avec économie.

Le développement de cette idée fournit à l'auteur l'occasion de s'occuper des primes à décerner aux manufactures, de l'influence des machines sur la main-d'œuvre, du défrichement des terres, des rapports entre le commerce et la circulation du numéraire, enfin de ce qui était la grande question du moment : de la banqueroute. M. de Corday la repousse avec énergie. On reconnaît facilement dans cet écrit le langage et les principes des Economistes. Ce n'est évidemment qu'une ébauche, mais à travers l'imperfection du style on remarque une certaine vigueur de pensée, une grande honnêteté de sentiments, une préoccupation constante des intérêts et des droits du pauvre. Ces caractères se retrouvent dans les lignes suivantes qui terminent et résument le travail de M. de Corday et que nous citons textuellement :

« Si vos peuples se plaignent de ne pouvoir se défaire de leurs denrées, si leurs terres sont en friche, augmentez leurs impôts, mais employez-les à leur faire faire des routes, des ports, des canaux; ils vendront leurs denrées, cultiveront leurs terres, et ces provinces qui paraissent pauvres deviendront bientôt riches.

» Au surplus, occupé, comme les autres, de mon bien-être, je le cherche dans l'interest général.

» Occupé de la culture où je trouve mon avantage et celui de ma famille, jouissant comme homme de condition du privilége des exemptions, mon interest particulier sembleroit devoir me faire approuver le sentiment opposé, si un homme sans préjugés pouvoit avoir des interests contraire (*sic*) au bonheur public et ignorer que l'avantage général n'est que la masse de tous les avantages particuliers! »

Corday d'Armont.

Un homme sans préjugés. — Le mot est précieux à retenir. Il indique ce qu'était M. de Corday d'Armont, et fait comprendre l'influence qu'il a pu exercer sur sa fille, que nous trouverons professant et pratiquant les mêmes principes.

III.

Voici le passage du Journal de Perlet, n° 297, du Lundi 15 juillet 1793. p. 354, in fine.

« Organe du Comité de sûreté générale, Chabot se présente à la Tri-
» bune. Charlotte Cordé, fille de N.... Cordé, ci-devant écuyer, dit sieur
» d'*Armand*, native de Caen, et âgée de 25 ans est, dit-il, l'assassin de
» Marat... » Suit le rapport de Chabot...

On voit la justification de ce que dit M. de Corday : quoique les noms fussent mal rendus, *Cordé* pour Corday; d'Armand, pour d'*Armont.*

Charlotte de Corday dit de son côté, dans son interrogatoire, « qu'elle était abonnée au Journal de Perlet, » comp. ci-dessus p. 12. Il y avait donc accord entre les idées de Charlotte et celles de son père, en matière politique, puisque, vivant dans deux villes distinctes, ils étaient abonnés au même journal.

Cependant M. de Corday ne connaissait pas encore officiellement la mort de sa fille, mais il ne la devinait que trop.

Nous disons qu'il ne devait pas encore connaître l'exécution, parce que le récit ne se trouve que dans le Journal de Perlet, du *vendredi* 19 juillet, numéro qui ne pouvait être arrivé à Argentan le 20, jour où avait lieu l'interrogatoire de M. d'Armont.

Le Moniteur était encore bien plus en retard. Le compte-rendu du procès de Charlotte de Corday ne commença que dans le n° 210, qui est daté du 29 juillet 1793.

IV.

Et le Vendredi trente du dit mois d'Aout, en présence des dits Juge, Adjoint (Coffinhal et Fouquier-Tinville), de l'Accusateur public et du Commis-Greffier, avons continué l'Interrogatoire du dit Lauze Deperret, ainsi qu'il suit. (La première partie de l'interrogatoire contenait déjà quelques questions relatives à Charlotte de Corday, mais sans intérêt.)

D. S'il n'avait jamais été dans la maison où habitait la fille Corday.

R. Qu'il y avait été deux fois, scavoir le vendredi au matin ou pour mieux dire, le lendemain de l'arrivée à Paris de la fille Corday, jour auquel elle était venue le trouver chez lui ; que le dit jour il avait été la voir le matin sur les onze heures ainsi qu'il lui avait promis la veille, pour de là se rendre chez le Ministre de l'intérieur, qu'il y était également revenu le soir sur les huit heures du même jour.

D. Quels étaient les motifs qui avaient nécessité le dit Duperret à faire deux visites dans la même journée à la fille Corday?

R. Que n'ayant pas trouvé le Ministre visible, le portier leur ayant dit qu'il le serait le soir à huit heures, et étant convenu avec la demoiselle Corday, en présence du portier, d'y retourner à la ditte heure. C'était à cette fois qu'il s'était rendu de nouveau chez la fille Corday.

D. Pour une fois qu'il avait vu la fille Corday, il y avait pris un grand intérêt, puisque, malgré les occupations que lui donnaient les fonctions de Député à la Convention nationale, il avait pu aller deux fois dans la même journée chez la fille Corday, qu'ainsi il fallait croire que cette fille avait des choses très-intéressantes à démêler avec lui.

R. Que les heures auxquelles il s'est rendu chez la demoiselle Corday, ne pouvaient aucunement le distraire de ses fonctions de Député, pour un objet aussi simple et un temps aussi court que celui qu'il était nécessaire d'employer pour remplir l'objet dont il était question; qu'au surplus, il n'a pris d'autre intérêt à elle que celui que tout homme honnête prend quand il s'agit de rendre service.

D. Où restait la fille Corday?

R. A l'hôtel de la Providence, rue des Vieux-Augustins.

D. Si les deux fois qu'il a été chez la fille Corday, il était seul.

R. Oui.

D. S'il a trouvé la fille Corday seule et s'il lui a parlé tête à tête.

R. Qu'il l'a trouvée seule, qu'il s'y est arrêté quelques minutes pour parler d'abord de son affaire chez le Ministre et ensuite ils s'entretinrent quelques instants sur les députés qui étaient à Caen.

D. Dans cette conversation intime, n'a-t-il pas été question de Marat?

R. Que le nom de Marat n'a pas seulement été prononcé.

D. La fille Corday vous a-t-elle fait part des motifs de son voyage à Paris.

R. Que la fille Corday ne lui a parlé que de la commission qu'elle avait à faire chez le Ministre de l'intérieur.

D. N'avez-vous point vu la fille Corday le matin du jour de l'assassinat de Marat.

R. Que non.

A lui observé que dans les débats lors du jugement de la fille Corday il a été déposé qu'il l'avait vue le jour de l'assassinat de Marat.

R. Que les témoins se sont si étrangement trompés que s'ils s'obstinaient encore à le soutenir, il offre de prouver son alibi.

A lui observé qu'il est étonnant que ne connaissant point la fille Corday, il ait été deux fois chez elle et l'ait conduite chez le Ministre de l'intérieur; qu'un Député à la Convention ne doit voir les Ministres que comme subordonnés à la représentation nationale, et ne peut sans de grands motifs se permettre de solliciter auprès d'eux ou de leur conduire des solliciteurs; qu'on est obligé de croire d'après les démarches qu'il a faites avec la fille Corday, qu'il prenait un grand intérêt à cette fille, ou que cette fille lui était recommandée par quelque personne avec laquelle il avait une grande intimité.

R. Qu'il n'est rien d'aussi naturel que de s'intéresser à une demande aussi simple que celle de la demoiselle Corday qui n'était autre chose que de retirer des papiers, qui étaient chez le Ministre, qu'elle venait réclamer; qu'il n'était pas là question d'aucune sollicitation autre que celle-là, et qu'il ne s'y était employé que pour remplir l'objet de la lettre que lui avait adressée Barbaroux, qui a été remise au procès; que c'est là toute la part qu'il a pu y prendre.

D. La fille Corday ne vous a-t-elle pas sollicité d'aller à Caen joindre les Députés qui s'étaient évadés.

R. Qu'elle l'a fait à plusieurs reprises dans les différentes entrevues qui ont eu lieu entre l'accusé et elle, et qu'il lui avait constamment répondu que son poste était à Paris, qu'il ne pouvait consentir à se déterminer à l'abandonner.

D. Si la fille Corday ne lui avait pas dit ce qui se passait à Caen, et notamment qu'il y avait déjà des corps de troupes formés pour marcher sur Paris et que les soldats étaient journellement inspectés par les Députés évadés.

R. Qu'elle lui dit qu'il se rassemblait des troupes à Caen, mais que jamais les Députés ne les avaient inspectées ; qu'à l'égard de sçavoir si elles doivent se porter sur Paris, il ne se rappelle pas qu'il en ait été question.

Le surplus de l'interrogatoire est étranger à Charlotte.

V.

AVANT-DERNIÈRE LETTRE DE CHARLOTTE A SON PÈRE.

Nous ne connaissons pas l'original de cette lettre, mais l'*Autographe* en a donné un fac-simile (n° du 1er octobre 1864).

D'après cette reproduction, le papier aurait :

H. 0 m. 20 c., L. 0 m. 15 c.; il est usé sur les bords comme s'il avait été longtemps porté dans un portefeuille ou dans une poche; le texte se compose de 13 lignes, de la signature et de la date. En voici la copie :

Je vous dois obeïssance mon cher papa cependant je pars sans votre permission je pars sans vous voir parceque j'en aurés trop [de] douleur, je vais en Angleterre parceque je ne crois pas qu'on puisse vivre en France heureux et tranquille de bien longtemps.

En partant je mets cette lettre à la poste pour vous et quand vous la Recevrés je ne serai plus en ce pays, le Ciel nous refuse le bonheur de vivre ensemble comme il nous en a refusés d'autres il sera petetre plus clement pour notre patrie,

Adieu mon cher papa embrassés ma sœur pour moi et ne moubliés pas.

Corday.

Ce 9 juillet,

Quel est le degré d'authenticité de cette pièce? pour le dire avec sécurité, il faudrait la connaître par elle-même ou par un fac-simile plus parfait que celui de l'*Autographe*, qui est peu réussi. Il est d'ailleurs fort dangereux de se prononcer sur des questions aussi délicates dans un temps où l'on voit se produire tant de faux et de pastiches. Nous ne possédons aucune des connaissances qui pourraient nous préserver de l'erreur et donner quelque crédit à notre opinion. Sous ces réserves nous exprimerons notre avis, sans avoir dans notre sentiment la foi aveugle que les experts en écriture ont pour leurs verdicts.

Suivant nous la pièce doit être vraie :

Les raisons qui militent en faveur de sa sincérité sont tirées de trois ordres de considérations et de faits :

La substance morale de la lettre (contenu et style).

L'orthographe,

L'écriture matérielle (signature et date).

I. *Substance de la lettre.*

Le contenu. — Dans la lettre écrite par Charlotte de Corday à son père et remise par elle au Président du Tribunal Révolutionnaire, elle dit: (voir notre ouvrage, *Dossiers de C. de Corday,* p. 95).

« Si j'ai cherché à vous persuader que je passais en Angleterre, » cesque j'espérais garder l'incognito; mais j'en ai reconnu l'impos- » sibilité. »

Dans sa lettre à Barbaroux, elle dit aussi, en parlant de son père : — « *Je lui faisais croire que* redoutant les horreurs de la guerre » civile je me retirais *en Angleterre.* » (Voyez le fac-simile de cette lettre, p. 5, dans l'ouvrage cité ci-dessus).

C'est précisément ce qui se trouve dans la lettre publiée par l'*Autographe*, et que nous appellerons suivant l'usage la lettre *de question.*

M. de Corday, dans son interrogatoire, ne dit pas où sa fille lui annonçait l'intention de se retirer. La raison en est simple : il ne savait pas encore ce qu'elle était devenue; elle pouvait s'échapper, chercher à gagner les côtes d'Angleterre, il était donc plus prudent, dans la terrible incertitude où il devait se trouver, de ne pas dire quel était le pays vers lequel elle disait s'être dirigée.

Cependant, on pourrait objecter que les lettres de Charlotte à Barbaroux et à son père ayant été publiées depuis longtemps, il aurait été facile au faussaire d'y trouver l'intention manifestée par Charlotte d'aller en Angleterre.

Mais l'interrogatoire de M. de Corday n'a pas été publié.

Or, il contient une phrase qui se retrouve, presque mot pour mot, dans la lettre que nous discutons.

« — A repondu quil avoit reçu une lettre d'elle il y a eu jeudi » dernier huit jours, dattée du mardi matin d'avant où elle lui » mande qu'à son départ de Caen, elle met cette lettre à la poste, » que quand lui répondant recevra cette lettre elle ne sera plus en » France. »

Comparons la lettre de l'*Autographe :*

« *En partant, je mets cette lettre à la poste pour vous, et quand* » *vous la recevres je ne serai plus en ce pays.* »

L'identité est évidente. Continuons :

[Elle lui mande] qu'elle ne croyait pas que l'on pût y vivre (en France) tranquille d'ici à longtemps.

Lettre de l'*Autographe* :

« Je ne crois pas qu'on puisse vivre en France heureux et tran-» quille de bien longtemps. » —

Pour admettre la possibilité d'un pastiche il aurait fallu que l'auteur du faux eût en sa possession l'interrogatoire de M. de Corday d'Armont; or, s'il l'avait eu, il l'aurait publié pour donner de la consistance et de la valeur à la lettre qu'il fabriquait.

Le style. — « Le ciel nous refuse le bonheur de vivre ensemble. »

Cette tournure de phrase paraît habituelle chez C. de Corday. — Ainsi, elle a écrit dans l'Adresse aux Français :

« J'ignore si le *Ciel* nous réserve un gouvernement républicain, » mais il ne peut nous donner un Montagnard pour maître que » dans l'excès de ses vengeances. »

« Je rends grâce *au Ciel* de ce qu'il m'a permis de disposer de ma » vie. »

Et en parlant de Marat :

« Grâce au *Ciel* il n'était pas français (Lettre à Barbaroux, p. 3).

De même dans la lettre à Rose (Fougeron du Fayot?)

« Ce serait à prendre cette République en horreur, sy on ne savait » que *les forfaits des humains n'atteignent pas les Cieux* » (M. A. C. de Corday, par M. Chéron de Villiers, p. 70).

Et quelques lignes plus haut, on lit encore cette tournure analogue aux précédentes : « J'en fairés autant que lui (c'est-à-dire je » passerais en Angleterre), mais *Dieu* nous retient icy pour d'autres » destinées. »

Charlotte de Corday avait été élevée dans un couvent; elle devait se faire religieuse, il est donc tout simple qu'elle se servit de locutions usuelles dans le langage de la vie dévote.

II. *L'orthographe.*

Charlotte de Corday écrit constamment és pour ez, ch*és*, ass*és*, ainsi que la seconde personne pluriel de tous les verbes.

Prenons par exemple son Adresse aux Français. Elle commence par ces mots : « *Jusqua quand... vous plairés vous dans le trouble » et les divisions,* ass*és* et trop longtems des factieux, des scélérats... »

Et à la fin de la pièce :

« Français, je vous ai montré le chemin, vous connaissés vos » ennemis, levés vous, marchés, et frappés. »

Cette orthographe est invariable dans les écritures de Charlotte : sa lettre à Barbaroux commence ainsi : « Vous avés desiré, citoyen etc. ; » celle à son père : « Pardonnés-moi mon cher papa... » et elle finit par ceux-ci : « n'oubliés pas le vers de Corneille : *Le crime fait* » *la honte*, etc. »

Dans la lettre de question nous trouvons : « mon cher papa, » embrassés ma sœur pour moi et ne *m'oubliés* pas. »

« Quant vous la recevrés... »

Ceci était correct, c'était l'orthographe du temps, celle que suivaient Louis XVI, Mme Roland et les hommes les plus instruits. Voyez notamment la correspondance de Baudin (des Ardennes), membre des diverses Assemblées législatives et de l'Institut (*Charlotte Corday et les Girondins*, p. 776).

Mais elle poussait cette habitude jusqu'à l'incorrection.

Lettre à Mlle Rosalie Loyer (mars 1792).

« Pendant que je murmurés... je ne pouvés le savoir... j'augmenterés le nombre... je vous choisirés etc... sûre que je profiterés... » Je ne saurés penser... je voulés vous mander. »

Lettre de mai 1792 à la même :

« J'aurés été charmée. »

Lettre à Barbaroux écrite de l'Abbaye, p. 1.

« Je ne me réveillé... »

Lettre au même, datée de la Conciergerie, p. 2.

« A midy, j'auré vécu. »

Lettre de question.

« J'en aurés trop (de) douleur. »

Ici la coïncidence est frappante parce qu'elle porte sur une faute. Elle écrit temps sans p, *tems*.

Lettre à Barbaroux, p. 3. — « ils prétendaient me connaître de long*tems*. »

Lettre de question.

« Je ne crois pas qu'on puisse y vivre heureux de bien long*tems*.

Croire. — Charlotte écrit cro*i*re par un *i*, comme on peut le voir à la ligne ci-dessus, et non par un *y*, quoiqu'elle emploie souvent cette vieille orthographe dans d'autres cas. Voyez lettre à Barbaroux, le mot *croire* y est plusieurs fois répété.

III. *L'Ecriture.*

Les lettres particulièrement caractéristiques de l'écriture de Charlotte sont :

Le *C*, très haut et séparé des autres lettres, quelquefois descendant au-dessous de la ligne.

Le *D*, qu'elle trace toujours avec une grande boucle penchée en avant.

L'*E* initial, dont elle fait invariablement une majuscule, surtout dans la particule *Et.*

L'*F*, auquel elle donne une forme bizarre, qui constitue une habitude de plume très-remarquable : le délié, remontant derrière le jambage principal, de manière à former la boucle d'en bas, se termine, tantôt à gauche par un crochet, tantôt à droite par une liaison avec la lettre suivante.

Le *P*, l'*S*, le *V*, sont aussi très-reconnaissables.

On retrouve tous ces caractères dans la pièce de question.

Nous ne pouvons qu'y renvoyer et les signaler :

« *C*her papa... *C*ependant... Je ne *C*rois pas... *C*ette lettre.... le *C*iel... *C*omme... *C*lément...

Je vous *D*ois... *D*ouleur... *D*'autre...

*E*n partant... *E*t quant vous la recevrés.

France, re*F*usés.

Il y a en outre des mots entiers où la ressemblance est frappante, tels que : *permission*, — *Angleterre*, — *papa*, — mots qui sont tout à la fois et dans sa dernière lettre à son père et dans la lettre de question.

La Signature. — Un faussaire n'aurait pas manqué de signer Charlotte de Corday [1].

1. Nous donnons, comme type du faux, la lettre suivante, qui a pourtant été citée par un historien de Charlotte de Corday :

« Mon père, — écrivit-elle, — cette lettre vous sera remise par une personne sûre ; tenez-

Charlotte signait habituellement ses lettres familières de son nom seul, sans particule. Les lettres à M. Lecavelier, à mademoiselle du Hauvel, à Allain, à Barbaroux, à son père, sont signées Corday. — Il y a des exceptions, par exemple la lettre au Comité de Sûreté générale, celle à Doulcet de Pontécoulant. Mais alors elle signe *Marie*, comme elle fait dans les actes auxquels elle appose sa signature.

La signature de la lettre de question nous inspire confiance par sa simplicité même.

En résumé, sans nous dissimuler certaines objections, les raisons de croire nous paraissent plus fortes que celles de douter. Nous acceptons donc la lettre de l'*Autographe* jusqu'à preuve contraire.

vous caché pendant quelque temps et espérez... Dieu châtie ses enfants, mais il ne les abandonne pas tout à fait....

» Au milieu des troubles qui nous environnent, pardonnez mon cher père si j'agis sans vous consulter... Je pars... Je vais en Angleterre demander une retraite que la France déchirée ne peut plus m'offrir; gardez-moi le secret de ce voyage, que ma mère ignore les dangers de ma route et n'apprenne mon départ qu'avec mon arrivée... Oh! quand nous reverrons-nous? Je finis, mon père, car cette pensée qui me poursuit continuellement use mes forces et brise mon cœur. Envoyez-moi de cœur votre bénédiction et priez pour moi, mon père.

» Charlotte Corday. »

(*Journal des Enfants*, 1841).

On voit qu'on n'a pas manqué de signer *Charlotte Corday*, et aussi on lui fait parler de sa mère comme si elle était vivante, tandis qu'elle était morte dès le 8 avril 1784 (Registre de la paroisse de Saint-Gilles à Caen).

VI.

TENTATIVE DE MEURTRE

CONTRE M. DE CORDAY D'ARMONT.

PLAINTE DE M. DE CORDAY D'ARMONT

CONTRE UN SIEUR BELLAUNAY

(18 mai 1792).

AUJOURD'HUY

Dix huit Mai Mil sept cent quatre vingt-douze, à quatre heures après midi, L'AN QUATRE DE LA LIBERTÉ,

Devant nous François-Julien LE SÉNÉCHAL, Juge de paix du canton de NOTRE DAME DE FRESNEY et Officier de Police de Sureté,

S'est présenté le sieur Jacques François *de Corday*, de la paroisse du Mesnil-Imbert; lequel s'est rendu Plaintif contre le sieur Jean Louis *Bellaunay*, maréchal, demeurant au Chêne au Loup, paroisse de Montpinçon, et a dénoncé les torts et délits du dit Bellaunay envers lui de *Cordai*, dans les termes suivans :

Le samedi douze de ce mois, le dit sieur Corday était à la maison du sieur de Mautry, à Montpinçon (Voyez au plan la lettre A), où le sieur Hubert, Maire de la paroisse de Garnétot, commissaire en cette partie, faisait avec les sieurs André et Motte, Officiers Municipaux de Montpinçon, le repertoire des meubles et effets du sieur de Mautri [1]. Bellaunay était nommé un des gardiens des dits Meubles : il fut attendu jus-

1. C'est-à-dire l'inventaire : M. de Mautry était émigré. La famille de Mautry et celle de Corday étaient alliées; Marie-Charlotte de Corday, fille de Pierre de Corday, seigneur de Glatigny, et de Marie du Merle, avait épousé le 16 juillet 1719 Jean-François Bonnet, seigneur de Mautry et Rumesnil. Ceci explique, indépendamment des relations de voisinage, la présence à l'inventaire de M. de Corday d'Armont.

EXTRAIT

DU PLAN CADASTRAL

DES

COMMUNES DE MONTPINÇON ET DES AUTELS-SAINT-BAZILE

(CALVADOS).

LÉGENDE DU PLAN

RÉDIGÉE POUR L'INTELLIGENCE DE LA PLAINTE

DE M. DE CORDAY D'ARMONT

CONTRE BELLAUNAY, LE MARÉCHAL DU CHESNE-AU-LOUP.

—

A. Château de Mautry.

B. Carrefour Durand (aujourd'hui Carrefour aux Comtes).

C. La Bruyère de Montpinçon. — 1re attaque de Bellaunay contre M. d'Armont.

D. Chemin de Trun à Livarot. — 2e attaque de Bellaunay contre M. d'Armont. Lutte.

E. Le Chêne-au-Loup, demeure de Bellaunay.

F. Le Clos Percy (actuellement Cour Dudonné).

G. Maison et Bruyères du sr Lesage.

H. Ferme de la veuve Robert-Motte.

I. Premier jardin de la ferme.

J. Deuxième jardin.

K. Le four.

L. Le logis de Corday — à 4 kilomètres — dans cette direction, sur la commune du Mesnil-Imbert.

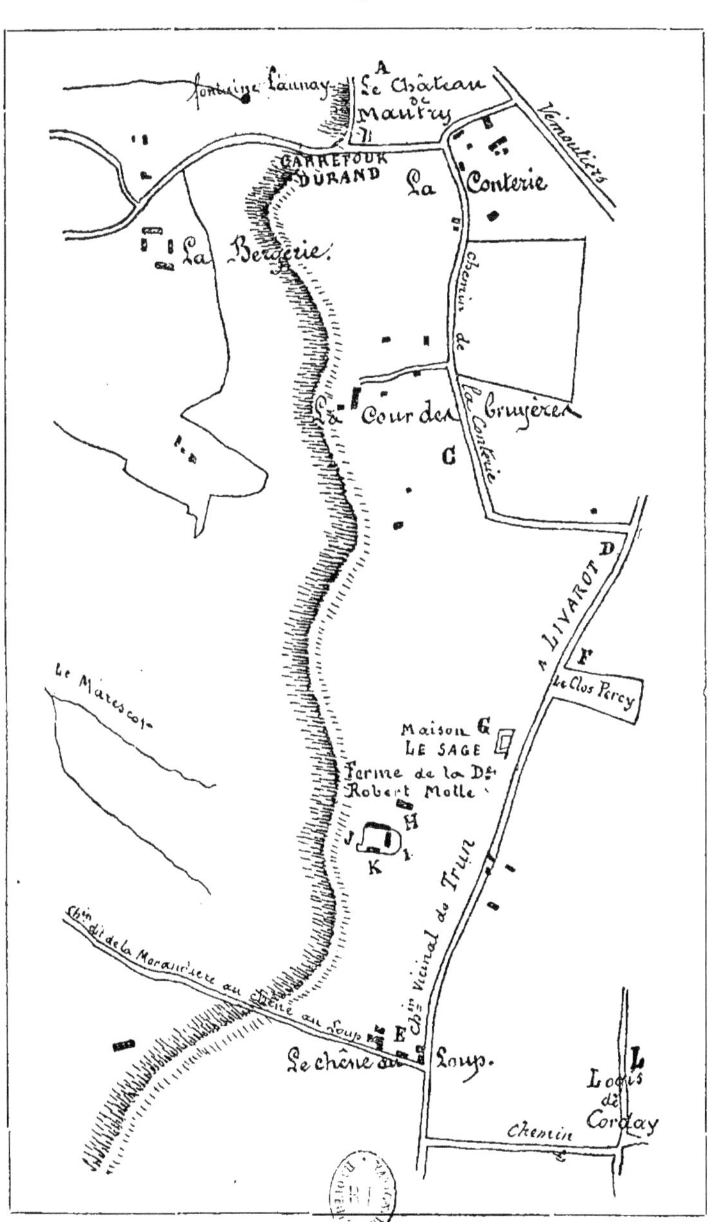

A
Le Château de Mautry
fontaine Launay
Vimoutiers
CARREFOUR DURAND
La Conterie
La Bergerie
chemin de la Conterie
La Cour des bruyères
C
D
à LIVAROT
F
Le Clos Percy
Le Marescot
Maison G
LE SAGE
Ferme de la Dlle Robert Motte
H
J
I
K
Chin vicinal de Trun
Chin dit de la Morandière au chêne au Loup
E
Le chêne au Loup.
L
Logis de Corday
Chemin

qu'après sept heures du soir pour signer la clôture du Procès verbal, il n'arriva point, le Commissaire et les Officiers municipaux s'enfurent, un moment après le dit Corday partit aussi, il rencontra sur la Paroisse de Montpinçon, au carrefour du nommé Durand (voyez lettre B), le dit Bellauney[1] avec un nommé Cauvigni de Garnetot, causant avec plusieurs personnes ; Bellaunay et Cauvigny quittèrent ces personnes et suivirent le dit de Corday jusques dans la bruiere de Montpinçon (voyez lettre C), au bas de laquelle parurent, le Commissaire, les deux Officiers municipaux et le sieur du Chesnes, greffier ; un d'eux fit signe à Bellaunay de venir à Eux, au lieu d'y aller, le sieur Bellaunay sans rien dire, se jetta sur le sabre que le sieur Corday portait à sa main, et n'en eu que le foureau : alors, le sieur Bellaunay leva un cours bâton ayant une petite massue au bout sur le sieur Corday, lequel pour éviter le coup, porta au dit Bellaunay à l'estomach un coup de la pointe de son sabre qui n'entra pas, mais qui déchira un peu la veste du dit Bellaunay, celui-ci rendit le foureau en disant qu'il avait eu tort, ensuite le sieur Bellaunay s'appercevant qu'il était legerement blessé à la main s'emporta de nouveau, et dit plusieurs fois au sieur Corday, « si je voulais, je vous oterais votre sabre, » il suivit le sieur Corday jusqu'au grand chemin de Livarot à Trun (D), en repetant toujours, « si je voulais, je vous oterais votre sabre, » et là voyant plusieurs personnes, entr'autres trois bucherons des Bois du Mesnil-Imbert et de Garnetot, le sieur Bellaunai s'emporta de nouveau et dit :..... vous m'avez blessé, il faut que vous m'ayés ou que je vous aye; ayant son baton levé, il avança sur le sieur Cordai, ce dernier avait gardé son sabre nud pour empecher Bellaunai de l'approcher, le dit sieur Cordai dit : « vous voyés que je ne veux pas vous tuer, n'approchés pas, vous me forceriés de vous tuer. » Dans ces entrefaites, paru le nommé Dupont, Menuisier de la paroisse du Thilleul, qui cria à Bellaunay : — finis donc Bellauney, sans que celui-ci cessat de poursuivre le sieur Corday : alors il passa quelqu'un entre le sieur Corday et le sieur Bellauney, ce qui obligea le sieur Corday à baisser son sabre. Le sieur Bellaunay profita du moment et, par derriere le passant, saisit le sieur Cordai au collet en disant : « Je te tiens

1. Ce nom est écrit tantôt Bellauney, par un *e*, tantôt Bellaunay par un *a*, quelquefois par un *i*, et à la ligne suivante par un *y*, nous n'avons pu que suivre ces variations sans nous prononcer entre elles. — Il en est de même du nom de Corday que l'on trouve écrit indifféremment par un *i* et par un *y*. L'orthographe vraie est *Corday*.

de ce coup la, te voila bien empoigné, » en tenant toujours son bâton haut; alors le sieur Corday porta de toute ses forces à bras raccourci un coup de la pointe de son sabre à l'estomac du dit Bellauney, lequel coup n'entra pas plus que le premier, ce qui fit que le sieur Corday jugea que le dit Bellaunay était garni. Le sieur Bellaunay quitta le sieur Corday. Celui-ci dit à Cauvigny, en présence de Dupont : pourquoy n'empêchiés vous pas le sieur Bellaunay : ne voyiés-vous pas bien que je ne voulais pas le tuer. Cauvigny répondit : que voulés vous que j'eusse fait, j'étais trop loin de luy. Dupont dit au sieur Corday : Je ne vous conseille pas de passer devant la porte de Bellaunay (E), il est capable de vous tuer. Le sieur Cordai répondit, ce n'est pas mon intention. Ensuite il passa dans une herbage nommée le clos Percy (F), pour s'écarter. Il apperçu le sieur Bellauney armé d'un fusil à deux coups, qui montait le long de la haye, le sieur Cordai traversa le grand chemin, passa dans les Bruieres du sieur Lesage (G) et s'enfuit à la ferme située à Montpinçon, occupée par la veuve Robert Motte (H). Le sieur Bellaunay le poursuivait toujours avec son fusil à deux coups, criant de toutes ses forces, il faut que je te tue bougre, arrête ce bougre là, arrête le voleur. Le sieur Cordai traversa la maison de la ferme et se sauva par le jardin; pendant ce temps là, le sieur Bellaunay faisait beaucoup de tapage dans la maison en cherchant le sieur Cordai, et disant toujours qu'il voulait le tuer.

D'après cela, le sieur Corday ne se trouvant point en sureté, déclare prendre son domicile en la ville de Caen, paroisse Saint Pierre, à l'hôtel de la *Coupe d'or*, chés le sieur Le Valois;

De tout ce que dessus le dit sieur Cordai rend la présente plainte et fait la présente dénonciation pour luy être rendu Justice ainsi qu'il appartiendra, ce qu'il a affirmé véritable et a signé avec nous à chaque page et à la fin.

Signés Jacques François de Corday et Le Sénéchal, avec paraphe.

Le sieur Cordai a requis de poursuivre l'auteur du délit, et déclare produire pour témoins en outre, les personnes dénommées dans la plainte, la veuve, la fille, le domestique et la servante de la veuve Robert Motte.

Ce dit jour et an.

Signé Jacques François de Cordai.

La présente Expédition a été délivrée par nous, Juge de paix et Officier de police de sureté sus dit et soussigné, conforme à la minute le treize juin mil sept cent quatre vingt-douze.

Signé Le Sénéchal.

INFORMATION

SUR LA PLAINTE DE M. DE CORDAY D'ARMONT

(22 Mai et 12 et 13 Juin 1792).

AUJOURD'HUI

Mardi vingt deux mai Mil sept cent quatre vingt-douze, en notre demeure à Saint Martin de Fresney, L'An quatre de la Liberté.

Nous François Julien Le Sénéchal, Juge de Paix et Officier de Police de Sureté du canton de NOTRE DAME DE FRESNEY, assisté de Jacques Nicolas Peschet notre greffier.

En conséquence de la plainte rendue le dix huit de ce mois, par le sieur Jacques François de Corday, de la paroisse du Mesnil-Imbert, demeurant à présent à Caen, contre le sieur Jean Louis Bellaunay, maréchal, demeurant AU CHÊNE AU LOUP, paroisse de Montpinçon, et sur notre Mandat du dix neuf de ce dit mois, avons procédé à l'audition des témoins produits par le dit sieur Cordai ainsi qu'il suit :

1. Le sieur Charles Motte, marchand et Officier Municipal de Montpinçon, y demeurant, âgé de cinquante quatre ans, non parent, allié serviteur ni domestique des parties, après avoir prêté le serment de dire vérité, et après avoir entendu la lecture de la plainte, a déposé qu'il n'a aucune connaissance des faits articulés dans la dite plainte, et est tout ce qu'il a dit savoir, a déclaré que sa déposition contient vérité, qu'il y persiste, et a déclaré ne vouloir signer quoi qu'il le sache après lecture.

Signés Le Sénéchal et J N Peschet avec paraphes ;

2. François CAUVIGNI, Marchand, demeurant à Garnetot, âgé de vingt-sept ans, a déposé :

Que le samedi douze de ce mois, sur le soir, s'en revenant du Billot avec Jean-Louis Bellauney, le sieur Cordai les atteignit à la maison du nommé Le Vavasseur, au Chêne au Loup, et les passa. Le déposant et Bellaunai suivirent le dit sieur Cordai, et étant au milieu des Bruières (C), Bellaunay dit au sieur Cordai qu'il ne lui était pas permis de porter des armes, et que s'il voulait, qu'il le désarmerait bien. Le sieur Cordai fit réponse que jamais personne ne l'avait encore désarmé ; le déposant ne sait si c'est Bellaunay qui a ôté le foureau du sabre au sieur Cordai: ce qu'il sait, c'est qu'il a vu le sabre nud à la main du sieur Cordai et un bâton à la main de Bellauney ; le sieur Cordai allant à reculons, son sabre tendu, et Bellaunai avançait sur lui avec son bâton, Bellaunai dit au sieur Cordai : vous m'avez blessé, si je voulais, je vous ôterais votre sabre, et celà plusieurs fois. Bellaunai et le sieur Cordai continuèrent leur route jusqu'au grand chemin de Livarot à Trun (D), et là, Bellaunai s'emporta et dit: vous m'avés coupé la main. Bellaunay, avec son bâton, approcha du sieur Corday qui avait son sabre nud toujours en garde, le sieur Cordai allant toujours en arrière en se défendant, et le dit Bellauney avançant toujours avec son bâton sur le sieur Cordai. Le sieur Corday dit : vous voyés que je ne veux pas vous tuer, n'approchés pas, vous me forceriés de vous tuer. Là, paru le nommé Dupont, menuisier de la paroisse de Montpinçon, qui dit à Bellauney : finis donc Bellauney. *Bellauney s'en fut chés lui* (E), le sieur Cordai demeura un instant avec Dupont ; Bellauney revint avec un fusil à deux coups ; le sieur Cordai revoyant Bellauney redoubla ses pas par *la maison* de Monsieur Lesage (G), Bellauney avec son fusil, le poursuivit sur les Bruières de Monsieur Lesage. Auparavant, le sieur Cordai avait dit à luy déposant : pourquoi n'empêchiés vous pas le sieur Bellauney, ne voyiés vous pas bien que je ne voulais pas le tuer. Luy [susdit] Cauvigni répondit que voulés vous que j'eusse fait, j'étais trop loin de luy, et est tout ce qu'il a dit savoir, lecture faite, a déclaré que sa déposition contient vérité, qu'il y persiste, et a déclaré ne savoir signer qu'il ne fait que commencer à apprendre.

Signés Le Sénéchal et J. N. Peschet.

3. Le sieur Thomas André, Marchand et Officier Municipal de la paroisse de Montpinçon, y demeurant, âgé de cinquante six ans, a déposé :

Que le samedi douze de ce mois, sur le soir, étant avec le sieur Hubert, Maire de Garnetot et du Chesne, Greffier de la Municipalité de Garnetot le long du fossé de la pièce de la veuve *Robert* Motte, située à Montpinçon, il vit deux hommes qui avaient l'air de se battre dans la bruière aussi située à Montpinçon, avec des bâtons, il ne put distinguer les personnes, cependant il dit à sa compagnie : on croirait que c'est Monsieur Darmont, le déposant s'en fut.

Signés C. André avec Le Sénéchal et J. N. Peschet.

4. *Jacques* DUPONT, menuisier, demeurant à Montpinçon, âgé de trente-quatre ans, a déposé :

Que le douze de ce mois, sur le soir, en s'en revenant de chés le sieur Cordai, il rencontra dans le grand chemin de Livarot à Trun, devant la Bruière de Monsieur Lesage située à Montpinçon, le dit sieur Corday et le sieur Bellauney, maréchal au Chesne au Loup, où ils parlaient ensemble. Le sieur Bellaunay dit au sieur Cordai : vois tu comme tu m'as blessé, le déposant apperçu la main de Bellaunay ensanglantée, Bellauney dit au sieur Corday : tu porte un bâton défendu, le sieur Bellauney prit le sieur Cordai par sa redingotte, disant donne moy ce bâton, et en même temps, le sieur Cordai a tiré son épée ou sabre de dedans le fourreau, disant je vais vous tuer, le sieur Bellaunay n'avait que son bâton pour se défendre, il s'est retiré, a été chés luy et est revenu avec un fusil et a crié : Ah ! S.... B..., le sieur Cordai a prit la fuite, et le sieur Bellaunay a été après.

Telle est la déposition du dit Dupont qu'il a apportée par écrit et récitée sur l'écrit disant qu'il l'avait ainsi écrite dans la crainte de ne pas s'en ressouvenir.

Le déposant a ajouté que les sieurs Cordai et Bellaunay s'escrimaient ensemble ; le sieur Cordai avec son sabre, et Bellauney avec son bâton ; le sieur Cordai dit à Bellauney : retirés-vous, je vas vous tuer, le sieur Cordai en parlant ainsi, marchait en arrière, Bellauney dit ah ! S... B... Si je n'avais pas de prudence, j'ai trop de prudence, et est tout ce qu'il a dit savoir, etc.

Signé, J. Dupont, etc.

5. *Pierre* VINCENT, domestique, demeurant en la paroisse de Montpinçon, âgé de trente ans, a déposé :

Que le douze de ce mois, sur le soir, étant à bécher dans le jardin de la ferme de la veuve *Robert* MOTTE (1), située à Montpinçon, il entendit crier Bellaunay, maréchal du Chesne au Loup, qui était dans l'herbage de Monsieur Lesage à Montpinçon, *arrête* ; le déposant croyant qu'on criait après un malfaiteur, rentra dans la maison, prit un fusil pour l'arrêter, sortit et fut à l'herbage du sieur Lesage ; il s'arrêta à la porte de l'herbage, et là, il vit Bellauney qui poursuivait grand train le sieur Cordai du Mesnil-Imbert, dit Darmont. Le déposant s'apperçu que Bellaunay avait un fusil et criait à lui déposant : arrête. Le déposant dit : c'est Monsieur Darmont, je ne l'arrêterais pas, ce n'est pas un voleur.

Le sieur Cordai passa dans la cour de la ferme de la dite veuve Motte, et dit à Luy déposant, sauvés moi la vie, voilà le maréchal du Chesne au Loup qui est saoul comme un gueux, il me court pour me tuer. Le maréchal en passant, dit au déposant : pourquoi n'as tu pas arrêté cet homme là ; il m'a maltraité ; en voilà les marques ; le maréchal avait la main ensanglantée ; le sieur Cordai passa dans la maison, le maréchal le poursuivait toujours avec son fusil, disant que le sieur Cordai l'avait manqué, mais lui, qu'il n'allait pas le manquer. La veuve Motte luy dit : Bellauney, retirés-vous, ne faites pas de malheur chés nous. Bellaunai dit : comment vous voulés sauver la vie d'un [pareil] homme; il ne voulait pas sauver la mienne; il a voulu me tuer, en voici les marques, en montrant sa main et son estomach auquel il y avait deux marques de sang, si je n'eusse pas paré les coups, j'étais un homme mort. Bellaunay est entré dans la maison, disant qu'on avait retiré le sieur Cordai ; qu'il était dans les appartements, et qu'il voulait le chercher partout : on luy dit que le sieur Cordai était sorti, le sieur Bellaunai passa dans l'escalier ; et, ne trouvant rien, il se retira, en disant : si je l'attrape, je le tue, parceque s'il avait pu, il ne m'aurait pas manqué. Ils étaient neuf ou dix ; c'étaient des ignorans, il aurait bien dû nous séparer. Le dit Bellaunay s'assit sur le perron de la maison, où il se répandit de sa main environ un demi verre de sang. Le déposant a ajouté que le fusil de Bellaunay était un fusil à deux coups, auquel il manquait une pierre ; et lorsque le sieur Bellaunay poursuivait le sieur Cordai, ils n'étaient pas à plus de cinquante pas de distance l'un de l'autre.

Le témoin a déclaré ne savoir signer.

Le Sénéchal. — Peschet.

6. *Marie* Leprince, veuve de Robert Motte, demeurant à Montpinçon, âgée de quarante six ans, a déposé :

Que le samedi douze de ce mois, sur le soir, étant dans son jardin, elle entendit dans l'herbage de Monsieur Lesage, située à Montpinçon, Bellaunay, maréchal au Chesne au Loup crier, arrêtés, arrêtés ; elle fut à la barrière de l'herbage du sieur Lesage, le sieur Cordai dit Darmont, du Mesnil-Imbert, passa et dit à elle déposante, sauvés moi la vie, voilà le maréchal du Chesne au Loup qui me court, il est saoul comme un gueux ; il veut me tuer. Le maréchal arriva, elle lui dit : Bellauney, je vous prie : qu'il n'y ait pas de tapage chés nous, et je vous prie de ne pas le tuer ; sur celà, Bellaunay répondit : vous avés bien peur de la mort d'un homme, vous n'avés pas peur de la mienne, il dit : voyés comme il m'a coupé la main, la main était ensanglantée ; il montra encore son estomach où il y avait deux marques de sang à deux places où la peau était percée. Ensuite il dit : j'ai agi avec trop de prudence avec le sieur Darmont, si j'avais voulu, je l'aurais tué. Le sieur Cordai passa dans la maison et ensuite dans le jardin (J). Bellaunay avait un fusil à deux coups auquel il manquait une pierre ; il entra dans la maison et dit : je veux le tuer, je m'en vais le tuer ; la déposante a ajoûté que Bellauney poursuivant le sieur Cordai dans l'herbage de Monsieur Lesage, iceluy Bellaunay n'était pas beaucoup éloigné du dit sieur Cordai.

A déclaré ne vouloir signer, quoi qu'elle le sache.

Signés Le Sénéchal et J. N. Peschet.

7. *Marie* Motte, épouse de *Michel* Lainé, demeurante à Montpinçon, âgée de dix-sept ans, a déposé :

Que le samedi douze de ce mois, sur le soir, étant dans le jardin de la ferme de sa mère (I), située à Montpinçon, elle entendit crier dans l'herbage du sieur Lesage, situé (G) à Montpinçon : — *Arrête.* Elle fut à l'herbage du dit sieur Lesage ; elle vit le sieur Bellauney, maréchal du Chesne au Loup armé d'un fusil, lequel poursuivait le sieur Cordai fils, dit Darmont, du Mesnil-Imbert, en criant : — *Arrête.* Alors, ils n'étaient pas beaucoup éloignés l'un de l'autre : le sieur Cordai passa et dit à elle déposante, ainsi qu'à sa mère et au domestique : « *Sauvés moi la vie, voila le maréchal du Chesne au Loup qui veut me tuer, il est saoul comme un gueux.* » Le sieur Cordai gagna du côté de la maison, et de là, passa dans le jardin (J). Bellaunay le poursuivait et dit en passant : « Il faut que je le tue ; » il n'a pas eu peur de me tuer ; il m'a donné un coup à la main et deux coups à l'estomach ; la mère de la déposante voulut arrêter le dit Bellauney en luy disant Bellaunay : ne faites pas de malheur chés nous. Bellaunay entra dans la maison après le sieur Corday, disant qu'il était dans les bâtimens. On luy dit de chercher par tout, qu'il n'y était pas. Bellauney sortit par la porte de devant et fut jusqu'au four (K) ; et, voyant qu'il ne trouvait point le sieur Cordai, il cessa ses poursuites.

A refusé de signer, et a requis taxe.

Signés : le Sénéchal et J. N. Peschet.

Tels sont tous les témoins qui se sont présentés. Le sieur Hubert,

Maire, et le sieur Du Chesne, Greffier de Garnetot et la servante de la dame Motte de Montpinçon, mandés pour être entendus aujourd'hui comme témoins ; les deux premiers pour dix heures et demie du matin ; et l'autre, pour deux heures après-midi, n'ont point comparu, dont acte, les dits jour et an cy dessus.

Signés : le Sénéchal et J. N. Peschet, avec paraphe.

AUJOURD'HUI Mardi douze Juin mil sept cent quatre vingt-douze, l'An quatre de la Liberté, en notre demeure à Saint Martin de Fresney;

Nous François-Julien Le Sénéchal, Juge de Paix et Officier de Police de Sureté du canton de Notre Dame DE FRESNEY, assisté de Jacques-Nicolas Peschet, notre greffier.

De la réquisition du sieur Cordai, et en conséquence de notre cédulle du neuf de ce mois, avons continué l'audition des témoins produite par le sieur Cordey, ainsi qu'il suit :

8. *Jacques* DESVAL, domestique, laboureur, demeurant chez la veuve Desval, sa tante, en la paroisse de Notre-Dame de Fresney, âgé de vingt-trois ans, a déposé :

Qu'un jour de dimanche, étant dans le cimetière de Fresney, il vit le sieur Bellauney qui regardait son bâton, disant qu'il y avait des marques qui avaient paré des coups d'épée ou de sabre de Monsieur Darmont ; que le dit Bellauney dit que le sieur Darmont s'était sauvé chés la veuve Motte : qu'il s'était échappé ; mais que son bien était là. Et est tout ce que le déposant a dit savoir.

Signés : le Sénéchal et J. N. Peschet.

9. Charles AUBRI, cordonnier, demeurant en la paroisse de Saint Gervais des Sablons, âgé de vingt-neuf ans, a déposé :

Que le lendemain de l'affaire, qui était un dimanche, il entra chez Bellauney qui luy dit : Sais-tu ce qui m'est arrivé : Je rencontrai hier un sacré gueux d'aristocrate, où je manquai d'être tué ; je le rencontrai dans les Bruières, là où il avait une canne dans laquelle il y avait un demi espadron. Je luy ai dit : Monsieur Darmont, il ne vous est pas permis de porter des armes dans un bâton, et vous risqueriés à vous le faire ôter. Monsieur Darmont répondit : qu'est-ce qui pourrait me l'ôter ? Bellauney luy a dit, qu'il se jetta au même instant sur la canne en disant : *c'est moy*, et la prit par le milieu ; Monsieur Darmont se retira en arrière, et il ne resta que le fourcau dans la main de Bellauney. Bellauney, dit-il, s'arma de son bâton pour se défendre contre Monsieur Darmont; Monsieur Darmont le blessa à deux endroits, dont le dit Bellauney fit voir les marques à luy déposant, Bellauney et Monsieur Darmont ensuite passèrent tranquillement les Bruières à côté l'un de l'autre; et arrivés au grand chemin de Livarot à Trun, Bellauney s'apperçut que la main luy saignait; alors il dit au sieur Darmont: S.... M.... Tu m'as blessé, il faut nous voir; nous allons nous battre; il se jetta sur le sieur Darmont avec son bâton; le sieur Darmont se défendit avec son épée, le sieur Darmont sauta par dessus un fossé, et le sieur Bellauney luy a dit qu'il fut chercher son fusil pour tuer le sieur Darmont; et que si la veuve Motte ne luy eut pas ouvert sa porte, il l'aurait cloûté d'un coup de fusil. Si j'avais pu l'attrapper, dit-il hier, je l'aurais tué: je ne l'aurais pas manqué, mais nous ne sommes pas quittes d'ensemble, je le reverrai. Le déposant dit à Bellaunai: tu ne voudrais pas aller l'attendre pour le tuer; Bellauney luy répondit que non; mais que s'il savait qu'il fut à le guetter dans un endroit, il irait le trouver; qu'il se f.... de mourir comme de vivre. Le déposant s'en fut avec Bellauney à Montpinçon, lequel Bellauney racontait les mêmes faits à ceux qu'il rencontrait, leur montrant son bâton et ses coups; plusieurs luy dirent qu'il ne fallait pas se faire justice soi-même; qu'il vallait mieux punir le sieur Darmont par la bourse, Bellaunay répondit: celà ne fait rien; c'est toujours un Jean f.... ; il ne doit pas porter d'armes, apparemment qu'il a envie d'en faire un mauvais usage. En descendant à Montpinçon, Bellauney dit au déposant que le sieur Darmont n'était pas près de passer devant sa boutique; qu'il avait tué des lièvres de bon cœur, mais qu'il aurait encore tué d'un meilleur le sieur Darmont. En quittant Bellauney, ce dernier dit au déposant qu'il allait aller à la Municipalité raconter l'affaire, et qu'il allait poursuivre le sieur Darmont.

Signés: Charles Aubry, le Sénéchal et J. N. Peschet.

10. Témoin a déclaré ne rien savoir.

11. Pierre Fauvel, journalier, demeurant en la paroisse de Saint-Georges en Auge, âgé de soixante ans, a déposé:

Qu'un samedi au soir, il y a environ trois semaines ou un mois, en revenant du bois de Garnetot, il vit dans le grand chemin de Trun à Livarot, à peu près vis-à-vis la maison de Monsieur Lesage, deux hommes à côté l'un de l'autre, qu'on luy dit être l'un, le sieur Cordai Darmont, et l'autre, Jean Louis Bellauney. Le sieur Darmont remis son sabre dans une canne ou un bâton, Bellaunay qui avait une main pleine de sang luy dit : tu m'as blessé, tu portes une arme que tu ne doit pas porter, il faut que je l'aye ; il faut que tu me la donne. En même temps, Bellaunay saisi le sieur Darmont par son habit et luy dis : te voilà bien empoigné ; Darmont tira son sabre et laissa tomber par terre le bâton ou la canne ; il présenta le sabre au corps de Bellauney pour le percer, Bellaunay le lâcha et dit : Travaille s.... b..., je n'ai qu'un bâton. Le sieur Darmont fit son possible pour le percer, et Bellaunai paraît toujours avec son bâton. Le sieur Darmont se retira en arrière et en grinçant des dents ; il fonça avec la pointe de son sabre sur Bellaunay qui écarta le coup et le fis passer par sous son bras. Le sieur Darmont passa dans une petite herbage avec Dupont, menuisier ; Bellauney s'en fut chés lui et revint avec un fusil. Le sieur Darmont *repassa dans le chemin, et de là, dans la cour de Monsieur Lesage. Bellauney le poursuivit avec son fusil...*

Signé : P. Fauvel, etc.

12. Philippe Fauvel, journalier, demeurant à Saint Georges en Auge, âgé de trente neuf ans, a déposé :

Qu'un samedi du mois de may dernier, en s'en revenant sur le soir du bois de Garnetot, il vit dans le chemin de Trun à Livarot, trois hommes qui sortaient de la cour de Monsieur Le Sage : un nommé Cauvigni, un autre qu'on luy dit être le sieur Corday Darmont et Jean Louis Bellaunay, maréchal au Chesne au Loup ; le sieur Darmont avait un sabre nud à la main, il le remis dans une canne ou bâton. Jean Louis Bellaunay prit Darmont au collet, et luy dit : te voilà bien empoigné ; tu as un sabre avec lequel tu m'as blessé que tu ne dois pas porter ; il faut que tu le rende. Le sieur Darmont tira son sabre, jetta le bâton ou la canne par terre, et voulu avec son sabre percer Bellauney. Bellaunay le lâcha, se défendit avec son bâton, Darmont dit : Voilà un homme qui veut me forcer à le battre. Il se retira en arrière, et porta au dit Bellauney un coup de la pointe de son sabre. Bellaunay para, et le coup passa par sous son bras. Bellaunai dit au sieur Cordai : travaille, travaille. Le sieur Cordai ne voulut pas recommencer. Bellauney quitta, s'en fut et revint avec un fusil, et fut après le sieur Darmont qui s'échappa par dans la cour du sieur Le Sage.

Signés : Philippe Fauvel ; le Sénéchal et J. N. Peschet.

13. Pierre Bienvenu, journalier, demeurant à Saint Georges en Auge, âgé d'environ trente ans, a déposé :

Qu'un samedi, il y a environ un mois, en s'en revenant de travailler du bois de Garnetot, sur le soir, il vit dans le chemin de Trun à Livarot, le sieur Cordai Darmont, avec un nommé Bellauney, maréchal au Chesne au Loup. Le sieur Darmont avait un sabre ou épée nud à la main : Bellaunay tenait un bâton : ils s'escrimaient l'un et l'autre. Le sieur Cordai mis son sabre dans son foureau, et marchèrent à côté l'un de l'autre pendant quelques momens. Bellauney dit au sieur Darmont : tu as une arme que tu ne dois pas porter, il faut que tu la rende. Bellauney prit Darmont au collet ; ce dernier prit aussi Bellauney au collet, Bellaunay dit à Darmont : te voilà bien empoigné. Darmont tira son sabre et jetta le foureau par terre, et tenta par deux fois de percer Bellauney. Bellauney dit : travaille tant que tu voudras, tu as ton épée, et moi je n'ai qu'un bâton, celà ne fait rien. Le sieur Darmont dit à Bellauney : n'approchés pas, je n'ai pas envie de vous faire de mal. Ensuite le sieur Darmont dit à lui déposant et à ceux qui étaient avec luy : Messieurs, il vous ressouviendra que Bellauney me force de me battre avec luy, et que je ne veux pas. Ensuite, le sieur Darmont voulu porter un coup de la pointe de son sabre à Bellauney qui le para. Le sieur Cordai dit à Cauvigni : Pourquoi n'empêchiés-vous pas Bellaunay : ne voyiés-vous pas bien que je ne lui voulais pas de mal. Cauvigni répondit qu'il était trop loin de lui. Les sieurs Darmont et Bellaunay se séparèrent. Bellaunay revint avec un fusil, passa dans la cour de Monsieur Lesage, après le sieur Darmont, et cria : Arrête le voleur, arrête, arrête !

Signés : P. Bienvenu, le Sénéchal et J. N. Peschet.

14. Témoin a déclaré ne rien savoir.

François Cosme, domestique, chés Gabriel Cosme, marchand, demeurant à Saint Georges en Auge, âgé d'environ vingt cinq ans, non parent, allié serviteur ni domestique des parties, après avoir prêté le serment de dire vérité, et avoir entendu la lecture de la plainte, a déposé :

Qu'il n'a aucune connaissance des faits énoncés en icelle ; lecture faite, a déclaré que sa déposition contient vérité ; qu'il y persiste, a requis taxe et a signé.

Signés : F, Cosmes, le Sénéchal et J. N. Peschet avec paraphes.

Tels sont les témoins qui se sont présentés. Le sieur Lehurey, chirugien, demeurant au Billot, paroisse de Notre Dame de Fresney, mandé pour être entendu comme témoin ce jourd'hui huit heures du matin, n'a point comparu, dont acte, les dits jours et an cy dessus.

Signés : le Sénéchal et J. N. Peschet.

AUJOURD'HUI Mercredi treize Juin Mil sept cent quatre vingt-douze, l'An quatre de la Liberté, en notre demeure, à Saint Martin de Fresney ;

Nous François-Julien Le Sénéchal, Juge de Paix et Officier de Police de Sureté du canton de Notre-Dame de Fresney ;

De la réquisition du sieur Corday, et en conséquence de notre cédule du neuf de ce mois, avons continué l'audition des témoins produits par le dit sieur Cordai, ainsi qu'il suit :

15. Thomas Noel Fauvel, domestique, demeurant chés Monsieur Jourdain, à Saint Martin des Noyers, âgé de vingt deux ans, a déposé :

Qu'un samedi au soir, dans le mois dernier, en revenant de travailler du bois de Garnetot, il vit un homme qu'on lui dit être Monsieur Cordai Darmont du Mesnil-Imbert, et le nommé Bellaunay, maréchal, demeurant au Chesne au Loup, paroisse de Montpinçon, dans le chemin de Trun à Livarot. Le sieur Darmont remis une espèce de sabre dans un foureau, et puis marchèrent ensemble. Bellaunay qui avait du sang à la main dit au sieur Darmont : tu m'as blessé, il faut que tu me rende l'arme. Bellaunay le saisi au collet, en disant : te voilà bien empoigné. Le sieur Darmont tira son sabre et l'allongea sur Bellauney pour le faire lâcher. Bellauney prit son bâton, et dit : travaille. Le sieur Darmont dit : voilà un homme qui m'insulte, Messieurs. vous voyés que je ne cherche pas à luy faire de mal (le déposant, à cet endroit, a déclaré qu'il ne se souviens pas bien positivement si Monsieur Darmont dit : vous voyiés que je ne cherche pas à luy faire du mal). Le sieur Darmont ensuite, en grinçant des dents, allongea un coup de la pointe de son sabre au dit Bellauney, et même deux coups. Ce dernier s'en fut, revint avec un fusil et courut après Monsieur Darmont, en criant : Arrête moy ce voleur là.

A déclaré ne savoir signer de ce enquis.

Le Sénéchal, etc.

16. Témoin ne sait rien:

François Chemin, fils de François, travaillant à la thuillerie du Mesnil-Imbert, demeurant au Tortizambert, âgé d'environ trente ans, non parent, allié, serviteur ni domestique des parties, après avoir prêté le serment de dire vérité et avoir entendu la lecture de la plainte, a déposé qu'il n'a aucune connaissance des faits articulés dans icelle. Lecture faite, a déclaré que sa déposition contient vérité ; qu'il y persiste, a signé et requis taxe.

Signés : F. Chenin et le Sénéchal, avec paraphe.

Tels sont les témoins mandés pour ce jourd'huy, dont acte les dits jour et an.

Signé : le Sénéchal avec paraphe.

La présente Expédition conforme à la Minute, a été délivrée par nous, Juge de Paix et Officier de Police de Sureté sus dit et soussigné.

Le quatorze Juin mil sept cent quatre vingt-douze, l'An quatre de la Liberté. Cinq mots rayés inutiles.

Signé : Le Sénéchal.

OBSERVATIONS DU JUGE DE PAIX.

Le fait est que le sieur Bellauney a attaqué le sieur Corday à dessein de le désarmer. Le sieur Corday pour se défendre, a porté au sieur Bellaunay plusieurs coups de sabre. Ensuite, le sieur Bellaunay avec son fusil, a poursuivi le sieur Cordai pour le tuer. L'attaque à dessein de tuer a été effectuée.

La Loy punit de mort l'assassinat quoique non consommé, lorsque l'attaque à dessein de tuer a été effectuée, C. P., T. II, art. 13 [1].

Mais il faut peser les circonstances. Parmi les hommes entre les mains de qui l'exécution des Loix est confiée ; plusieurs regarderont comme un obstacle l'application à la Loy, les coups de sabre que le sieur Bellauney

1. Cet article est ainsi conçu :

L'assassinat quoique non consommé sera puni de la peine portée en l'article VI, lorsque l'attaque à dessein de tuer aura été effectuée. — Code Pénal du 25 septembre 6 octobre 1791. 2e partie, Titre II, art. 13.

a reçu. D'autres, envisageront que l'homme à qui son ennemi veut ôter les armes, ayant tout lieu de croire que sa vie est en danger, le sentiment naturel, la nécessité actuelle de la légitime défense de soy-même, le forcent et lui permettent d'employer tous les moyens qui sont en sa puissance pour se conserver.

Sous quelque face que l'on envisage l'action du sieur Bellauney, elle est toujours condamnable. Il était l'agresseur: il devait s'arrêter, et ne point aller chés luy chercher un fusil, revenir à la charge et poursuivre son dessein. L'impunité de cette action enhardirait ceux qui, jusqu'à présent, n'ont encore osé attaquer ouvertement la liberté et la vie des citoyens.

L'Officier de Police de Sureté a décerné un Mandat d'amener; le sieur Bellauney n'a pu être saisi. Mais ce dernier, un jour de marché au Billot, s'est présenté avec un fusil et des pistolets devant l'officier de Police de Sûreté, qui lui représenta que ce n'était pas ainsi qu'il devait paraitre. L'officier n'étant secondé de personnes pour le faire arrêter, luy assigna un autre jour chés luy. Le sieur Bellauney n'y comparut point.

Le sieur Bellauney n'ayant pu être saisi, et dans les circonstances actuelles où les pouvoirs ne sont pas en pleine vigueur, surtout dans les campagnes, le seul parti qui reste à prendre, est de mettre les pièces entre les mains du Directeur du Juré, pour, après l'acte d'accusation rédigé conjointement avec le plaignant ou chacun à particulier, obtenir du Juré d'accusation, s'il y a lieu, une ordonnance de prise de corps contre l'accusé; en vertu de laquelle il sera saisi en quelque lieu qu'il soit trouvé.

Au reste, il faut considérer que la procédure devant l'officier de Police, en matière criminelle, n'est que de pure précaution et nullement de nécessité.

Pour copie conforme à l'Original déposé aux Archives du Calvados,

EUG. CHATEL,
Archiviste du départemant du Calvados.

Pour apprécier l'intérêt de la lutte entre M. d'Armont et son agresseur, il faut peut-être connaître les lieux et les personnages de la scène. Les Bruyères de Montpinçon sont de vastes landes dans un pays sauvage, accidenté; d'un côté de la route, des escarpements abrupts, de l'autre, des gorges profondes. C'est au milieu de cette contrée déserte, en présence de témoins glacés par la Terreur déjà naissante, que le vieux gentilhomme se trouve aux prises avec le maréchal du Chêne-au-Loup. M. de Corday est un ancien officier, il connaît le maniement des armes, il a peine à résister à la première attaque corps à corps, il y parvient à force de sang-froid et d'énergie, mais il est obligé de se soustraire par la fuite à la menace d'un fusil à deux coups. Malgré la fermeté de son caractère, il n'osa pas rester dans le pays, il dut abandonner son père et sa mère fort âgés, qui habitaient, non loin de là, le château du Mesnil-Imbert; il les laissa aux soins de Marguerite de Corday, sa sœur, qui n'était pas mariée et vivait avec eux. Quant à lui, il se retira à Caen, où il devait retrouver sa fille Charlotte chez Mme de Bretheville.

Que devint Bellaunay et qu'était-ce que cet homme?

La poursuite commencée n'eut aucun résultat : à cette époque, nous dit le Juge de paix, « les pouvoirs n'étaient pas en pleine vigueur » et il en fournit immédiatement la preuve en nous montrant Bellaunay qui comparait devant le magistrat, armé d'un fusil et de pistolets. Ce trait de mœurs peut servir à faire apprécier ce qu'était la justice en 1792. Le District blâma de loin le Juge de paix : un mandat d'arrêt fut lancé, mais nul n'osa le mettre à exécution, il resta lettre morte, sans effet. Les temps qui suivirent ne devaient pas être plus favorables à la classe dont M. d'Armont faisait partie. Il fut incarcéré en l'an II comme père d'Émigré, puis proscrit en l'an VI, après le 18 fructidor, et il mourut en exil. Bellaunay jouit alors d'une entière impunité; il se livra librement à une vie de violences et de rapines.

Cependant, plus tard, les choses changèrent de face.

Le 27 floréal an XIII (17 mai 1805), M. de la Magdelaine, préfet de l'Orne, écrivait à M. Bouffey, sous-préfet de l'arrondissement d'Argentan :

« Un avis qui m'est parvenu récemment, Mr, désigne comme *brigand* un nommé Bellaunay, forgeron à la forge de Caumont, commune de Saint-Gervais-des-Sablons ; le même avis porte que la maison d'un nommé Lautour, dans la commune du Mesnil-Imbert, sert d'asyle aux brigands et que tous les inconnus s'y retirent.

» Je vous invite à faire surveiller la conduite de ces deux individus, à connaître leurs habitudes et leurs relations, et s'ils se permettent des démarches qui compromettent la sureté et la liberté publiques à les faire arrêter.

(Bureau de police civile et militaire, no 428, Rc 19, Archives du département de l'Orne)[1].

Le 8 frimaire an XIV (29 novembre 1805), Bellaunay est écroué dans la maison de Justice du Calvados, comme faisant partie d'une bande de malfaiteurs, sous l'inculpation de vols commis dans les campagnes, de nuit, par effraction, avec violences et usage d'armes contre les personnes.

L'ordonnance de prise de corps nous montre qu'il s'agit bien du même Jean-Louis Bellaunay, qui avait été en 1792 l'objet de la plainte de M. d'Armont (voyez cette plainte, p. 44 ci-dessus), et nous avons en outre son portrait dans le signalement, qui est ainsi conçu :

Age — 40 ans.	Nez acquilain.
Taille — de 5 pieds 4 pouces.	Bouche grande.
Cheveux châtains.	Menton rond.
Sourcils idem.	Visage coloré.
Barbe grise.	Marqué d'une tache de poudre
Yeux bleus.	du côté de l'œil droit.

(Registres d'écrou de la maison de Justice de Caen de 1805, fo 30).

Bellaunay fut traduit devant la cour d'assises du Calvados avec les nommés Jean Loriot, Nicolas Cochon et Michel Lautour. Par arrêt

1. Nous devons la connaissance de cette pièce à M. des Clis, Archiviste du Département de l'Orne. Nous aurons bien souvent à citer ses utiles et bienveillantes communications dans la suite de ce travail.

du 3 juillet 1806, les deux premiers furent condamnés à mort et exécutés, Bellaunay et Lautour furent acquittés; mais la Cour,

« Considérant que l'un (c'était Lautour) a déjà été condamné à 10 ans de fers et 6 heures de poteau, et qu'il est résulté des débats que l'un et l'autre sont d'une immoralité profonde et prévenus de différents délits, qu'ils sont le fléau et la terreur de la contrée, ordonne qu'ils seront renvoyés devant les autorités compétentes pour être instruit conformément à la loi. »

Bellaunay comparut devant le Tribunal correctionnel d'Argentan et fut convaincu de se livrer depuis nombre d'années à toute espèce de brigandages. Il fut condamné pour divers vols à deux ans de prison par jugement du 26 février 1807 (voyez ce jugement et le réquisitoire qui le précède au greffe d'Argentan, à la date susdite).

L'histoire de Bellaunay a frappé les imaginations. Dans le pays, l'opinion générale est qu'il a été condamné à mort et exécuté. Beaucoup de gens prétendaient avoir assisté à la condamnation ou racontaient une foule de détails légendaires; seule, une dame Desclos affirmait que Bellaunay n'avait pas subi la peine capitale, et c'est sur la foi de ses déclarations[1] que nous avons poursuivi les recherches

1. La dame Desclos était absente lorsque nous nous rendîmes à Montpinçon. M. Devinas, instituteur de la commune, voulut bien se charger de nous transmettre les souvenirs de cette dame, alors fort âgée : elle était d'accord sur tous les points avec les dépositions de l'information écrite qu'elle ne pouvait connaître. C'est ce qui nous a encouragé à reconstituer le dossier criminel de Bellaunay et nous a permis de rectifier les erreurs obstinées de la tradition. Nous n'avons pu y parvenir que grâce aux facilités qui nous ont été données au greffe de la Cour de Caen, et à Argentan par M. Bonaire, greffier en chef du tribunal. Trouver aujourd'hui un arrêt de Cour d'assises ou un jugement dont on n'a pas la date est chose possible; mais à l'époque intermédiaire où l'ancienne organisation cesse et où la nouvelle n'existe pas encore, on rencontre des obstacles presque insurmontables. Nous n'avons pu en triompher qu'avec le concours obligeant des employés et aussi avec l'aide du registre d'écrou conservé à Caen dans la maison de justice. Ce registre, que nous avions consulté dès 1862 dans un tout autre but, a été le fil conducteur de toutes nos recherches.

qui nous ont conduit à la vérité judiciaire. Ainsi ramené à ses termes exacts, l'épisode de Bellaunay est encore assez dramatique pour mériter une place dans ce que nous avons appelé le Dossier historique de Charlotte de Corday.

TABLE GÉNÉRALE DES SOMMAIRES.

TABLE ANALYTIQUE DES MATIÈRES.

Nogent-le-Rotrou, imprimerie de A. Gouverneur.

NOTE

SUR LE

PORTRAIT DE CHARLOTTE DE CORDAY

PAR J.-B. HAUER

FAISANT SUITE A LA NOTICE PUBLIÉE AVEC LE DOSSIER JUDICIAIRE
DU PROCÈS CRIMINEL

NOTE

SUR LE

PORTRAIT DE CHARLOTTE DE CORDAY

PAR J.-B. HAUER

FAISANT SUITE A LA NOTICE PUBLIÉE AVEC LE DOSSIER JUDICIAIRE DU PROCÈS CRIMINEL

Une gravure est presque toujours une pièce muette, qui parle plus aux yeux qu'à l'esprit. Quelle est son origine? Dans quelle pensée a-t-elle été conçue? Comment a-t-elle été exécutée? on l'ignore communément, trop heureux lorsqu'on connaît le nom du personnage, s'il s'agit d'un portrait, et celui du graveur. C'est donc une bonne fortune assez rare que de trouver l'historique complet d'une pièce de ce genre et c'est ce qui se rencontre ici. Nous avons pu réunir le récit du peintre qui a raconté lui-même dans quelles circonstances dramatiques il a retracé le portrait de Charlotte de Corday, d'après nature;

Le traité passé par lui avec le graveur du cuivre;

L'article du journal dans les bureaux duquel une souscription fut ouverte pour la vente de la gravure.

Ce portrait est celui qui fut publié par J.-B. Hauer, peu de jours après la mort de Marat.

Dans la gravure originale, au-dessous de la figure, on lit ces mots :

« Dessiné d'après nature par Hauer. C'est le portrait annoncé dans le journal de Perlet du 27 Juillet 1793, N° 309, gravé par Tassaert, sous la direction d'Anselin. »

Le journal de Perlet ne renferme pas seulement un article sur le portrait de Charlotte de Corday : il en contient deux : le premier est du 20 Juillet 1793, il annonce qu'Hauer, admis près de Charlotte dans l'intervalle qui sépara son jugement de son exécution pût ainsi perfectionner le dessin qu'il avait fait à l'audience et lui donner la plus entière ressemblance. Voici d'abord cet article : on trouvera plus bas le second, qui en forme la suite.

(Journal de Perlet, N° 302, du samedi 20 Juillet 1793).

Le citoyen Hauer, peintre, a dessiné, d'après nature, le portrait de Marie-Charlotte Corday. Il a été admis auprès d'elle dans l'intervalle qui sépara son jugement de son exécution. C'est là qu'il a perfectionné le dessin qu'il avait fait à l'audience. Aussi ce portrait est-il de la plus entière ressemblance, et rend-il parfaitement le calme extraordinaire que cette femme n'a cessé de montrer dans le plus terrible des moments. La réputation de cet artiste est établie et ce portrait y ajoutera beaucoup.

Le citoyen Hauer s'occupe maintenant du tableau. On nous assure qu'un autre artiste, qui a fait ses preuves de talent dans la gravure, n'attend que le tableau pour s'en occuper. Aussi si ces artistes ouvrent une souscription, nous l'annoncerons.

Le citoyen Hauer demeure rue Saint-André-des-Arts (p. 400).

On voit par cet article, que la pensée de faire graver le portrait n'était encore qu'à l'état de projet, le graveur n'était pas nommé. Cependant ces détails étaient parfaitement exacts : ils avaient dû être donnés au journal, dont les bureaux étaient situés dans la rue Saint-André-des-Arts, hôtel de Châteauvieux, par le peintre qui demeurait dans la même rue, N° 76 [1].

Dès le lendemain, 21 Juillet, un acte intervenait entre Hauer et Anselin [2], pour la gravure du portrait. Le traité original existe

1. Par un hasard étrange, c'est ce même Journal de Perlet que lisaient Charlotte de Corday et M. Corday d'Armont.

2. « Jean-Louis Anselin, né à Paris en 1764, mort en 1823, bourgeois de Calais, élève d'Auguste Saint-Aubin.

« Anselin, nommé avec Bervic pour composer le Comité d'instruction de la Société populaire des Arts, était connu avant la Révolution par des pièces mythologiques et galantes, d'après Caresmes, Borel, et pour un portrait de *madame de Pompadour* en bergère, tenant des fleurs; en 1789 il grava le *siége de*

entre les mains de M. Hauer, fils du peintre (Président du Tribunal d'Arcis-sur-Aube), qui a bien voulu nous le communiquer, il est ainsi conçu :

Les soussignés Jean-Jacques Hauer, *peintre en portraits*, demeurant à Paris, rue Saint-André-des-Arts, section du Théâtre Français, dite de Marseille, d'une part ;

Et Jean-Louis Anselin, graveur, rue du Théâtre-Français, même section, d'autre part :

Sont convenus de ce qui suit,

C'est à savoir :

Que le sieur Anselin, promet et s'oblige de graver ou faire graver en pointillé sous sa direction un dessin du citoyen Hauer, représentant Marie-Charlotte de Corday, tenant à sa main le couteau avec lequel elle a assassiné Marat, l'Ami du Peuple, le prix de laquelle gravure demeure modéré entre les parties à la somme de trois cents livres, sous la condition que la planche et son produit appartiendront aux dits soussignés en société et par égale portion.

Et de sa part, le citoyen Hauer s'oblige de donner au citoyen Anselin la somme de cent cinquante livres faisant la moitié du prix ci-dessus fixé, sous la condition expresse, qu'il partagera par égale portion avec le citoyen Anselin, dans le produit de la vente des gravures.

Et pour garantie de l'exécution des conventions ci-dessus, les soussignés déclarent qu'ils entendent que la dite planche soit enfermée dans une boîte fermante à double serrure et la clef de l'une sera en la possession dudit citoyen Hauer, et la clef de l'autre en la possession dudit citoyen Anselin, de telle sorte que la boîte ne puisse être ouverte qu'en présence et du consentement desdits soussignés qui se réservent de déterminer entre eux, lequel demeurera dépositaire de la dite boîte, ou entre les mains de quel notaire ou officier public en cas de difficulté entre eux le dépôt en sera fait.

Et pour établir la plus juste balance entre les soussignés, il est expressément convenu que les frais de papier, impression, cuivre, commission de marchands et autres de quelque nature qu'ils puissent être, seront supportés par moitié et égale portion, comme il a été également convenu pour la gravure, l'impression sera toujours partagé (*sic*) également entre les soussignés qui déclarent se soumettre tous les deux à tous les risques que l'on est exposé à courir dans le commerce.

Calais, d'après Barthélemy, très-grande pièce d'une belle facture qu'il dédia à l'Assemblée nationale. Il fut un de ces burinistes, qui trouvent le moyen d'effacer dans leur œuvre à peu près toute trace du temps dans lequel ils vivent. » (Renouvier, *Histoire de l'Art pendant la Révolution*, p. 282).

Et par suite du principe d'égalité que les soussignés veulent établir dans les bénéfices de la présente Société s'ils (*sic*) s'en trouvent, les papiers, soit billets ou lettres de change, qui seront reçues en payement seront également à charge ou profit des deux.

Fait double entre lesdits associés, le vingt-et-un Juillet mil sept cent quatre-vingt-treize, deuxième de la République françoise et ont signés (*sic*)

ANSELIN, HAUER.

Cet acte nous fait assister aux détails intérieurs de l'opération, entre le peintre et le graveur. Ils sont donc intéressants pour la technique de l'art pendant la Révolution. Nous voyons qu'il s'agit d'une gravure *sur cuivre*, et elle devait en outre être *au pointillé*, ceci explique la réserve d'Anselin de n'être que le directeur de l'œuvre et de la faire graver sous sa surveillance. Le graveur adjoint par lui fut Tassaert [1], qui avait inventé un procédé au pointillé à l'aide duquel il croyait pouvoir rivaliser avec le dessin original. (Renouvier, p. 226.) C'est probablement lui qu'Anselin avait en vue lorsqu'il stipulait la faculté de se substituer un autre artiste pour l'exécution du travail.

Le prix est fixé à trois cents livres, somme assez considérable pour le temps et surtout pour le moment (20 Juillet 1793).

Mais ce qu'il y a de plus essentiel pour nous, c'est la qualification que prend Hauer de *peintre de portraits*. Telle est en effet sa spécialité. Ses compositions sont manifestement inférieures à ses têtes dans la série de tableaux qu'il a consacrés à Louis XVI (les adieux du Roi à sa famille, la confession, l'exécution), les personnages sont traités avec une certaine gaucherie qui ne nous déplaît pas, en ce qu'elle va jusqu'à la naïveté, et

1. J.-J. Tassaert, demeurant rue Christophe, section de la Cité.
On cite de lui un certain nombre d'ouvrages qui répondent aux passions du moment, pendant la Révolution.
L'Amour de la Patrie inspire le courage.
J. Chaslier, d'après Caresme.
Le 31 Mai, d'après Harriet.
La nuit du 9 au 10 thermidor, par le même.
Le triumvir Robespierre exprimant un cœur humain dans une coupe.
M. Latude, Lavoisier, Buonaparte, etc.

qu'elle fait ressortir le fini des figures, on reconnaît bien à ce signe l'homme habitué à faire le portrait. De là, le titre que se donne Hauer et qui, pour nous, a une grande importance, parce qu'il est une garantie de la ressemblance qu'il a pu atteindre dans l'exécution du portrait de Charlotte de Corday.

L'exécution suivit de près la signature du traité et, dès le 27 Juillet, un nouvel article du Journal de Perlet annonçait que la gravure pourrait être terminée dans un mois. C'est l'article auquel renvoie la note mise au bas de l'Estampe.

(Journal de Perlet, du samedi 27 Juillet 1793, N° 309.)

Le citoyen Hauer, peintre, fut aperçu au Tribunal par Charlotte de Corday, dessinant son portrait; elle le fit prier de passer à la chambre criminelle, pendant qu'elle y était à attendre le résultat de la délibération du Tribunal, elle lui demanda à voir le portrait, le trouva déjà bien fait et ressemblant, et lui offrit de poser si cela pouvait lui être utile, pendant qu'on la jugeait; il l'accepta avec plaisir, et elle posa avec une tranquillité et une gaité dont on ne peut pas se faire une idée.

Il en est résulté que ce portrait est d'une ressemblance frappante suivant tous ceux qui l'ont vu.

Le peintre Hauer nous a chargé d'annoncer qu'on est occupé maintenant de la gravure de ce portrait; il sera fait à la manière anglaise, par Tal (faute typographique pour Tassaert), sous la direction du citoyen Anselin, graveur connu par différentes productions qui lui font honneur tels (*sic*) que le siége de Calais, etc., etc. Cette ennemie du peuple est représentée à mi-corps, en chapeau, tenant d'une main un couteau et de l'autre un éventail.

On peut se faire inscrire dès à présent pour retenir des épreuves, chez Hauer, peintre, rue Saint-André-des-Arts, N° 76.

Chez Anselin, graveur, rue et place du Théâtre-Français, et au bureau du présent journal [1]. Prix : 5 livres.

On pourra délivrer des épreuves sous un mois.

(P. 456).

Nous ne nous arrêtons pas à relever ce qu'il y a de précieux pour l'histoire de Charlotte de Corday dans cet article, ni à résou-

1. Certaines épreuves, notamment une de celles du cabinet des Estampes, portent en outre :

Et chez Hauer, négociant, rue Guérin-Boisseau, N° 9, près de la rue Saint-Denis.

dre les difficultés qu'il soulève. Nous ne voulons nous occuper que des détails iconographiques qu'il renferme.

On voit que la publication avait lieu sous forme de souscription;

Que cette souscription était ouverte tant au bureau du Journal de Perlet que chez le peintre et chez le graveur, que le prix était *de* 5 *livres*.

La gravure que l'on trouve communément est en noir. Cependant à Rouen nous avons vu dans la collection de Baratte une épreuve, tirée en couleur. La robe de Charlotte de Corday est verte, ce qui indique qu'on la considérait comme royaliste.

« L'exécution, dit Renouvier, p. 224, en est fine et vigoureuse : l'expression est vive et malgré des signes évidents d'enjolivure, c'est un des meilleurs éléments du portrait vrai que l'on puisse avoir. »

Aujourd'hui cette gravure est devenue rare, elle se vend de 16 à 20 francs, suivant l'état de l'épreuve. C'est ce qui nous aurait engagé à la faire reproduire, alors même qu'elle n'eût pas été une pièce capitale pour l'iconographie de Charlotte de Corday, puisqu'elle est, suivant l'heureuse expression d'un critique, la gravure *princeps* de l'œuvre d'Hauer [1], celui que nous avons surnommé l'Adam Lux de la peinture.

Nous avons déjà publié la gravure du Portrait à l'huile existant au Musée de Versailles. Nous continuerons en donnant prochainement : la mort de Marat, par Hauer, de manière à former un *Album*, marchant parallèlement avec le recueil des documents imprimés.

1. M. Léon Lagrange. Compte-rendu de l'Exposition artistique d'Alençon. en 1865.

Nogent-le-Rotrou, imprimerie de A. Gouverneur.

OUVRAGES DU MÊME AUTEUR.

DOSSIERS DU PROCÈS DE CHARLOTTE DE CORDAY devant le Tribunal révolutionnaire. 1861.

CHARLOTTE DE CORDAY ET LES GIRONDINS. 1864-1872.

Chez PLON, Imprimeur.

Pour paraître prochainement.

HISTOIRE DES CORDAY. — Période féodale, 1077 jusqu'à l'alliance avec le grand Corneille (1674). — Période moderne, de 1674 à la naissance de Charlotte de Corday (1768).

BIOGRAPHIE INÉDITE DE CHARLOTTE DE CORDAY par Caille-Desfontaines, le premier historien de C. de Corday, et Notice sur Louis Caille.

Nogent-le-Rotrou, imprimerie de A. Gouverneur.

www.ingramcontent.com/pod-product-compliance
Ingram Content Group UK Ltd.
Pitfield, Milton Keynes, MK11 3LW, UK
UKHW020931180726
13838UKWH00002B/886